中國鐵道火車百科 I

The Illustrated Handbook
of
China Railway Rolling Stock

蘇昭旭

人人出版

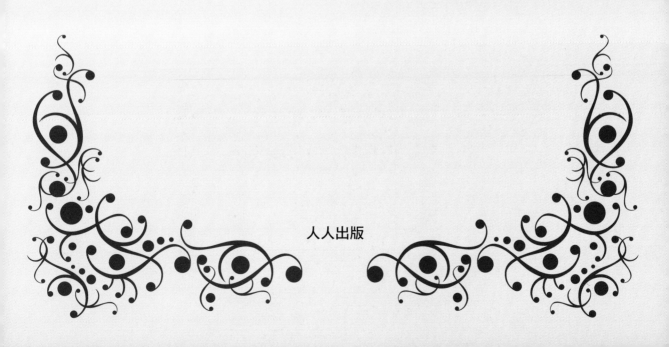

中國鐵道路線圖

0　　　　　500　　　　　1000km

北屯

通往歐洲的歐亞新絲路 哈薩克
（連雲港－鹿特丹）

阿拉山口

伊寧

霍爾果斯　　奎屯　烏魯木齊

中國最西端的火車站

阿克蘇　　　　吐魯番

庫爾勒　　　　　哈密

喀什　　　　　　　　　柳園

和田　　　敦煌　嘉峪關

格爾木

1

唐古拉　　　　**世界最高海拔火車站**
（5,068m）

那曲

日喀則

拉薩

香格里拉

麗江

大理

中國最長隧道前五名

隧道名	長度	路線
❶ 太行山	27,848m	石太客運專線
❷ 呂梁山	20,738m	太中銀線
❸ 烏鞘嶺	20,050m	蘭新線
❹ 秦嶺	18,456m	西康線
❺ 大瑤山	14,295m	京廣線

中國最長大橋前五名

橋名	長度	路線
1 清水河	11,700m	青藏線
2 蕪湖長江	10,520m	淮南線
3 長東黃河	10,282m	新石線
4 南京大勝關	9,273m	京滬高速鐵道
5 寧德海上	8,169m	溫福高速鐵道

圖例：
　　　　　高速鐵路（計畫中）
　　　　　傳統鐵路（計畫中）
　　　　　高速鐵路 V≧200km/h
　　　　　傳統鐵路 V＜200km/h

● 口岸車站（鐵路通外國）
　（時間暫以2015年底為準）

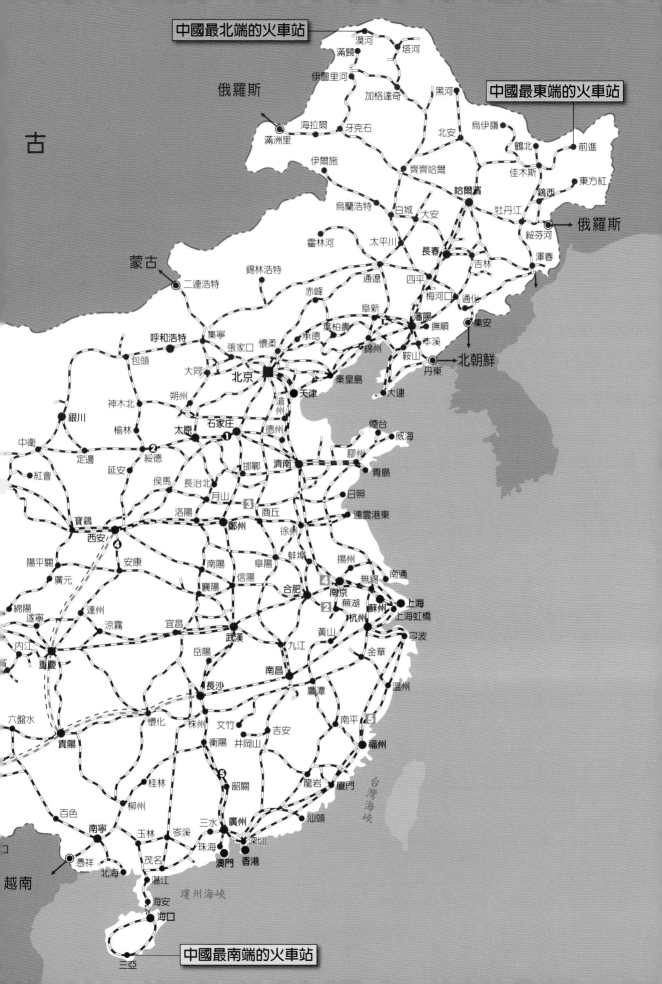

中國最北端的火車站

俄羅斯

古

蒙古

中國最東端的火車站

漠河
滿歸
塔河
伊圖里河
加格達奇
黑河
烏伊嶺
海拉爾
牙克石
北安
鶴北
前進
滿洲里
伊爾施
齊齊哈爾
佳木斯
東方紅
哈爾濱
鷄西
烏蘭浩特
白城
大安
牡丹江
二連浩特
霍林河
太平川
長春
俄羅斯
錫林浩特
吉林
綏芬河
赤峰
通遼
四平
渾春
呼和浩特
集寧
梅河口
通化
包頭
張家口
懷柔
承德
阜新
潘陽
撫順
集安
大同
北京
葉柏壽
本溪
鞍山
北朝鮮
神木北
朔州
天津
錦州
丹東
銀川
石家庄 ①
滄州
秦皇島
中衛
榆林
綏德 ②
德州
煙台
威海
大連
定邊
延安
濟南
膠州
紅會
侯馬
長治北
邯鄲
月山
③ 商丘
青島
寶鷄
洛陽
鄭州
徐州
日照
西安 ④
安康
南陽
阜陽
連雲港東
陽平關
信陽
蚌埠
揚州
廣元
襄陽
合肥
④ 南京
無錫
南通
綿陽
達州
宜昌
武漢
九江
② 蕪湖
杭州
蘇州
上海
上海虹橋
逐寧
涼霧
岳陽
黃山
金華
寧波
內江
重慶
長沙
南昌
鷹潭
溫州
六盤水
懷化
株州
文竹
吉安
南平 ⑤
貴陽
衡陽
井岡山
福州
台灣海峽
桂林
⑤ 韶關
龍岩
廈門
百色
柳州
三水
廣州
汕頭
南寧
玉林
岑溪
珠海
深圳
憑祥
茂名
澳門 香港
越南
北海
湛江
瓊州海峽
海安
海口
中國最南端的火車站
三亞

《中國鐵道火車百科》I·目錄 CONTENTS

（本書除特別註明作者外，圖片均為作者所攝）

序 大國重器 器重山河──打開中國鐵道視野的大格局

您了解中國的鐵道嗎？您可知道中國鐵道史，也包含中華民國鐵道史，1912至1949年這一塊嗎？

相信對多數台灣民眾而言，答案不會是肯定的，覺得只要了解台灣的鐵道就好，對於這個問題，甚至會帶有成見的排斥。其實，回顧中國與台灣的鐵道史，海峽兩岸的鐵道歷史，有著密不可分的故事情節，對於台灣民眾而言，這是面對歷史不能忽略的一頁。

首先，在歷史人物部分，從台灣的劉銘傳到中國的詹天佑，都是在清代，為鐵路建設寫下了不朽的史頁。其次，在歷史事件部分，從1894年的甲午戰爭到1904年的日俄戰爭，都是在戰爭以後，對兩岸鐵路發展，留下了深遠的影響。

1894年，清廷甲午戰爭戰敗，1895年台灣交由日本統治，台灣進入了五十年的日治時期。1899年至1908年，日本完成台灣西部縱貫線鐵路，開啟了台灣鐵路營運的歷史新頁，無可否認地，日本對台灣鐵路的建設發展，對台灣鐵路的現代化影響至深。相對的在中國東北，十年後1904年，日俄戰爭爆發，1905年戰爭結束，中國東北成為日本的勢力範圍，並且佔領了大連，成立關東州，開啟了大連四十年的日本統治歲月。這也是舊大連火車站與舊台北火車站，包含的街道與歷史建築，有高度相似的主因。海峽兩岸的鐵道歷史，有前人建設的艱辛，也有戰爭歷史的遺跡，這正是兩岸鐵道史共同的一頁。

1906年，南滿州鐵道株式會社成立，中國的東北進入了滿鐵時代。鐵道建設主導權，從俄國轉落日本的手中。日本以標準軌距建設東北地區，並修改中東鐵路南支線，長春至旅順的軌距，使其標準軌化。此時滿州鐵道蒸汽機車的編號規則，對後來影響極深，這套作業規則，一直到1949年新中國誕生才告一段落。1931年，九一八事變爆發，日軍攻擊瀋陽，並取得整個東北，扶持偽政權滿州國。此時中國東北的鐵道建設，沿襲滿鐵時代的建設基礎，許多蒸汽機車也急遽成長。最有名的故事，莫過於1934年亞洲速度最快的火車亞細亞號，成為世界鐵道史上重要的一頁。

1949年之後，海峽兩岸分治，成了歷史的事實。兩岸曾經處於劍拔弩張的狀態，期待統一對方，火車名稱曾經是「光華、自強、莒光、復興」等等，在那個反共抗俄的年代，這樣的名稱有其歷史意涵。在海峽的對岸中國，他們的火車也有這種政治文化，蒸汽火車名稱有「勝利、前進、解放、上游」等等，當年兩岸的柴電機車前方，習慣性要有的V形線條，代表勝利Victory。無疑地，這些故事，都是當代的背景使然，與歷史的寫照，這是兩岸鐵道史分隔的一頁。

1990年代開始，台灣解嚴，中國開放，兩岸火車的名稱，不約而同，都進化了。2007年中國出現「和諧號」，台灣出現「太魯閣號」，海峽兩岸，開始有社會導向與觀光導向的火車名稱，不再那樣嚴肅刻版，原來火車的名稱，真的是社會氛圍與時代背景的一面鏡子。儘管海峽兩岸的鐵道名辭，有許多的不同，這是兩岸分隔許久的文化差異。不過，無論台灣與中國有多少差異，有一點絕對是共通的，6月9日的鐵路節，是台

灣與中國，海峽兩岸共通的鐵路節。

其實在台灣的教育，我們從小讀孫中山先生的三民主義，讀中華民國憲法，持中華民國護照，身為中華民國的國民，只是知道中華民國，是起源於1911年的辛亥革命，卻未必知道辛亥革命的成功，中華民國誕生，其實跟火車鐵道有關。許多人並不知道，1911年四川辛亥秋保路死事紀念碑，碑座篆刻的浮雕，竟然是火車、鐵軌、號誌、轉轍器？還有，國父孫中山先生鼓吹三民主義，提出鐵路為強國之第一要，他還當過中國民國的鐵道部長呢！

還有，中國與台灣有許多相同的火車，都在歷史交集的長河裡，只是我們不知道而已。例如台灣阿里山鐵路的Shay蒸汽機車，中國的京綏鐵路也有相同的Shay蒸汽機車，今日海峽兩岸鐵道，相同來自日本的蒸汽火車有三種，包含台鐵的CK120型、DT580型，與總督府鐵道部100型。日本先送到中國，輾轉送到台灣的蒸汽火車，也有三種，包含台鐵的CK80型、CT230型，與總督府鐵道部120型。因為海峽兩岸，從甲午戰爭，到日俄戰爭，兩岸共同經歷了戰火的傷痕。這些火車是歷史的交集，也是苦難的印記，裡面有多少故事，其實都藏在這些火車裡。

如今二十一世紀，隨著海峽兩岸交流的頻繁，台灣民眾來到中國旅行的人次愈來愈多，搭乘火車、地鐵等交通運輸工具的機會大增，鐵道相關名詞與旅行常識，因為文化背景的差異，而有所不同。然而，我們都是平凡人，常人因為不了解而有誤解，因為有誤解而有成見，因為有成見而有衝突，

因為資訊不足，使得兩岸人民，活在「各自解讀」的封閉世界裡。所以，在我的心中浮現一個理想，好好地為中國鐵道寫一套工具書，鉅細靡遺，又能深入淺出，讓我們真的去了解對岸中國的鐵道，打開這個封閉的世界，讓我們因為了解、理解，得到知識與成長，這是一件多麼重要的事，從而化解成見，避免衝突，這也是多麼大的功德。

從2006年開始，我投入本書的研究與籌劃工作，如今2015年底，一轉眼已經十年。相信針對這個主題，就理想性而言，是相當地崇高，然而就通俗出版的現實而言，有很大的困難，這也就是為何在海峽兩岸，一直沒有這種書的原因。在對岸與香港，這種書的出版，有其現實限制的因素，不多贅述，在台灣的環境，不友善的因素，相信有許多讀者，會莞爾一笑。

誠然，台灣的鐵道迷，喜歡本土議題與日本鐵道，在書市都是熱門的主題，而歐洲鐵道乃至於環遊世界，書市就萎縮非常的多，何況是冷門的中國的鐵道，所以，通俗出版的領域風險很大。因為，撰寫中國的鐵道，作者的史觀要客觀中立，必須持平而論，不卑不亢，但是一定不免涉及對岸交通建設的成就議題，整個社會的氛圍，就怕有人會扣紅帽子，藉機醜化攻擊，所以大家識時務者為俊傑，避之唯恐不及。其次，在學術研究的體系，台灣長年以來的制度，都是鼓勵學者投稿美國SSCI或SCI，以取得研究經費與學術升等的依據，針對對岸交通議題的研究，不在投稿SCI的範圍，老師沒有經費申請也無法升等。因此，除非是傻子或是

理想主義者，誰會去寫容易惹來非議，無利可圖，而且可能賣不好，吃力不討好的著作呢？

然而，這個社會還是需要傻子或是理想主義者，不能每個人都去現實媚俗，這只會造成熱門主題的資源過度投入，而冷門的議題知識奇缺。今日中國鐵道已經擁有世界第二大鐵道路網，世界最大的高鐵路網，世界海拔最高的鐵路，世界大眾捷運都市總數目最多的國家。不論鐵路是與天爭高，還是與風競速，中國鐵道的建設與成就，已經大到了不能忽視的程度了，誠如標題所言，鐵道建設，裨益民生，大國重器，器重山河。不論你願不願意去了解，它還是繼續在發展進步中，而且對全球鐵道的影響力愈來愈大，這個議題的研究出版，不能沒有人投入啊！

這麼大的研究主題，這麼沉重的理想，單憑個人的力量，何其微弱！十年逐步累積能量，何其漫長！研究與工作兩頭燒，何其艱難！尤其寫書是淬煉一個人的靈魂，作者只能投入其中，渾然忘我，才能忘記現實的牽絆，勇往直前。反之，就是環境有這麼多不友善的因素，才能考驗一個學者真誠的理想。而中國鐵道火車百科，它的內容太多，絕對不是一本書所能寫完的。眼前先針對車輛的部分，出版第一集與第二集，未來如果能夠得到認同，後續針對其他鐵道的研究與旅行的領域，繼續出版以饗讀者。而且它的領域龐大，不可能面面俱到，著書必須有所精簡取捨，也希望讀者能夠諒解。

在撰寫中國鐵道火車百科的過程中，以蒸汽火車這個單元，工程最為龐大。有許多中國蒸汽火車已經消失，我必須走遍世界，去找那些消失的火車。我除了走遍大江南北，中國的北京、瀋陽、上海、雲南、香港的鐵道博物館以外，我還前往俄羅斯莫斯科與聖彼得堡，拉脫維亞，美國巴爾的摩，韓國首爾，日本東京，歐洲國家如英國，法國，西班牙，德國，波蘭，匈牙利，中亞土耳其等地，才能將本書完成。我像是考古學家，在拼湊歷史的拼圖，又好像生物學家，在拼湊生物族群的體系。天涯萬里行，唯有星星知我心。

這本書能夠完成，我真誠地感謝許多人的協助，感謝中國鐵道博物館前副館長賈本義，館長李春冀、正陽門館館長張金根、副館長季海濱，與博物館群多位中國鐵道研究學者的協助。讓我深入鐵道博物館內紀錄，並派專車帶我進入鐵道機務段拍攝，感謝賈本義先生提供許多歷史書籍資料讓我熟讀，對我研究撰寫本書的幫助很大。感謝雲南王福永先生，提供滇越鐵路的歷史資料，感謝曾翔先生，提供許多珍貴相片與資料，他才是中國鐵道的專家。在這條十年的著作道路上，有太多要感謝的人，雖然礙於許多因素，無法在此一一公開列出，然而在此，我表達真誠的謝意。

在此，我要感謝人人出版甘雅芳對於編輯內容過程繁複的包涵，我更要感謝人人出版周元白總經理，在這十年歲月，十多趟深入中國的鐵道出差旅程，給了研究經費預算的支持，讓我可以沒有後顧之憂，全心全意投入，去完成這個著作的理想。我很確定的說，沒有你們背後的支持，我的理想永遠是空想，如果這本書，對於兩岸鐵道知識的理解與交流有所貢獻，以上各位，才是寫下歷史的最大功臣。

期待本書的誕生，
理解兩岸鐵道的比較，
用瞭解代替對立，
以化解兩岸鐵道文化的歧異，
誠如標題所言，
大國重器，器重山河，
鐵道建設，裨益民生，
一起打開中國鐵道視野的大格局。

蘇昭旭

2006年筆者在中國鐵道博物館與賈副館長等鐵道研究學者群合影，從此開啟這十年
著述的研究生涯，歷經十年磨一箭，2015年底本書才得以完成。

2015年蘇昭旭的著作成果與繁體中文鐵道工具書體系的規劃

主題	分類	立足台灣 鑑往而知來	放眼天下 建立國際觀
鐵道車輛與基礎科學	高速鐵路1435mm	台灣鐵路火車百科 1999版 2009版 2014版	高速鐵路新時代 世界高速鐵路百科
	捷運鐵路1435mm		現代軌道運輸（絕版） 世界捷運與輕軌圖鑑
	傳統鐵路 1067mm 1435mm		世界鐵道與火車圖鑑 中國鐵道火車百科 I II
	輕便鐵道762mm以下	台灣輕便鐵道小火車	全球輕便鐵道大觀與東線輕便 鐵道之再生（政府出版品）
	山岳鐵道762mm	阿里山森林鐵道 1912-1999（車輛篇） 阿里山森林鐵路百年車輛史 （政府出版品）	羅東林鐵 蒸情記憶（政府出版品） 阿里山森林鐵道與世界遺產鐵路巡禮 （政府出版品）
鐵道文化與觀光資源	阿里山森林鐵路	阿里山森林鐵道 1912-1999（景觀篇） 阿里山森林鐵路傳奇 阿里山森林鐵路百年紀實 （政府出版品）	世界山岳鐵道（美亞澳篇） 世界山岳鐵道（歐洲篇） 阿里山森林鐵路的故事 阿里山森林鐵路與百大山岳鐵道 （政府出版品）
	台灣鐵路的路線	台灣鐵路環島風情 （西部幹線篇）（東線支線篇） （特殊路線篇） 台灣鐵道經典之旅 （地方鐵路篇）（環島鐵路篇）	世界鐵道觀光系列 日本鐵道經典之旅160選 環遊世界鐵道之旅120選 中國鐵道經典之旅（計畫）
	台灣鐵路的車站	台灣鐵路車站圖誌 已經過時（即將改版）	世界的火車站（計畫）
保存鐵道與文化資產	蒸汽火車與歷史	台灣鐵路蒸汽火車 已經過時（即將改版）	世界的蒸汽火車（計畫）
	鐵道歷史與文化	台鐵憶舊四十年（絕版）	世界的保存鐵道（計畫）
	鐵道博物館規劃 與歷史文物保存	老火車再現風華（絕版）	世界的鐵道博物館（計畫）

（本書除註明者外，圖文皆為作者所攝影和撰述，憑一己之力製作百科，千頭萬緒，難以面面俱到。如有訛誤，尚祈各界先賢不吝指正。）

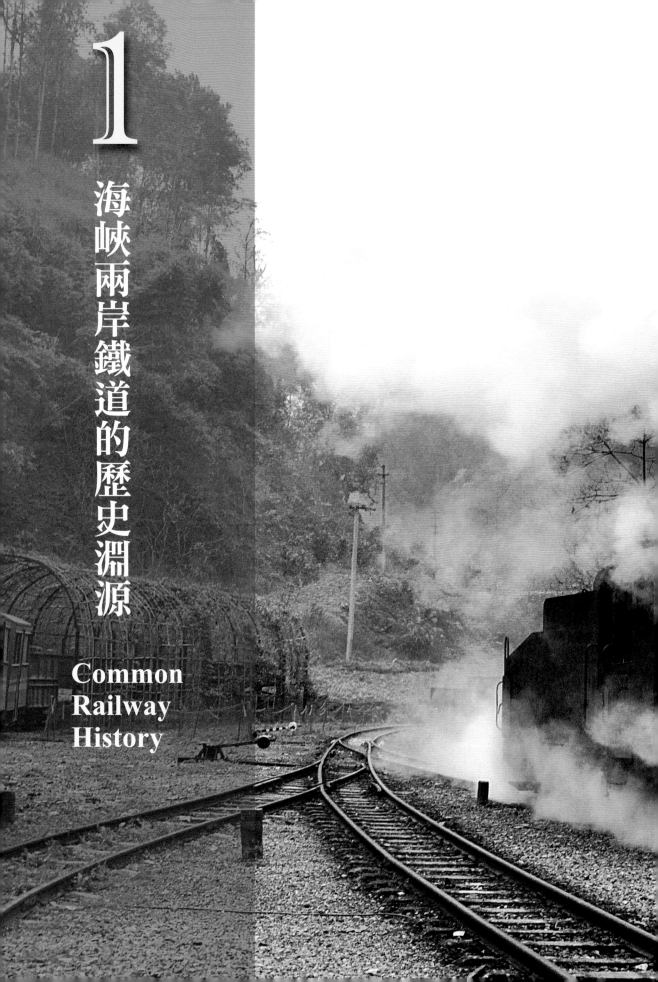

1

海峽兩岸鐵道的歷史淵源

Common Railway History

芭石鐵路小火車，是中國蒸汽火車的世外桃源。

1-1 從劉銘傳到詹天佑　從甲午到日俄戰爭
——兩岸鐵道史共同的一頁

台灣鐵道的一頁　劉銘傳與甲午戰爭

　　台灣鐵路誕生於1887年清朝的時代，中法戰爭後，由劉銘傳因軍事之防務需求，開始興建基隆到新竹的鐵路，軌距為1067mm的窄軌鐵道，同時引進騰雲號機車。1891年，台北到基隆間通車，是第一條台灣鐵路的營運路線，劉銘傳成為台灣鐵道之父。

　　1894年，清廷甲午戰爭戰敗，1895年割讓台灣交由日本統治，在日治時期，1899年至1908年，日本完成台灣西部縱貫線鐵路，開啟了台灣鐵路營運的歷史新頁，後續完成宜蘭線、花東線、屏東線與海線。直到1945年，1067mm的環島鐵路網，只餘北迴線與南迴線尚未完成。

　　日治時期的台灣鐵道建設蓬勃發展，除了1067mm的幹線路網，也包含762mm的窄軌鐵路網，綿密三千餘公里，包含糖鐵、林鐵、鹽鐵、工礦鐵道等等。尤其以1912年，阿里山森林鐵路從嘉義通車到阿里山，海拔高度超越二千公尺，為當時東亞海拔最高鐵路，1932年之後鐵路延伸到玉山塔塔加鞍部2584公尺，為亞洲地區海拔最高的鐵路，超越印度等其他殖民國家，在世界山岳鐵道史留下不朽的成就，直可與印度大吉嶺鐵路等世界遺產鐵路相提並論。

　　1945年抗日戰爭結束，結束了台灣1895年－1945年日本五十年的統治歲月。中華民國政府繼續建設台灣鐵路，營運速度不停的提升，在客運方面，包含1955年的飛快車，1966的光華號，1970年的莒光號，以及1979年的自強號，台北到高雄的旅行時間縮短至四個半小時。在路線方面，1991年完成台灣環島鐵路網，2007年，台鐵更引進太魯閣號傾斜列車，台北到花蓮的旅行時間縮短至二小時，再次締造歷史的新頁。此外，台灣也有的1435mm標準軌距鐵路，首先是1997年的台北捷運淡水線開始營運，而台灣南北高速鐵路，在2007年1月5日通車，台北到高雄的旅行時間縮短至一小時三十六分，締造台灣鐵道陸運革命的新里程碑。

詹天佑是中國鐵道之父，也是鐵路工程師的永恆典範。

中國鐵道的一頁　詹天佑與日俄戰爭

　　中國的鐵道創始於1876年，英國的商人興建上海到吳淞間14.5公里，窄軌762mm軌距的路線，後來1877年因為輿情反對而遭拆除。直到1881年從唐山到胥各莊10公里的路線，奠定中國鐵道為標準軌距1435mm的基礎，選擇在1881年6月9日通車，這一天也成為今日台灣與中國兩地，共同慶祝的「鐵路節」。當時聘請英國人C.W.Kinder擔任建造的顧問，殊不知Kinder選擇的這一天，其實是世界鐵道機車之父，英國George Stephenson喬治史蒂芬生的生日。

　　1904年，日俄戰爭爆發，1905年戰爭結束，中國東北成為日本的勢力範圍，並且佔領了大連。開啟了大連1905年－1945年四十年的日本統治歲月，這也是舊大連火車站與舊台北火車站，包含的街道與建築，有高度相似的主因。

　　1906年南滿州鐵道株式會社成立，總部設於大連，日本修建旅順到長春的南滿州鐵道，1435mm標準軌，後來也將連接西伯利亞的鐵路，滿州里至綏芬河的中東鐵路改軌，整個中國東北的鐵道建設，從俄國轉落日本的手中。日本以標準軌距建設東北地區，並修改中東鐵路南支線，長春至旅順的軌距，使其標準軌化。無可否認地，當時清朝時代的中國鐵道，還在起步萌芽的階段，當時東北地區南滿州鐵道的建設，對二十世紀初的中國鐵道，影響至深。

　　1909年北京到張家口201公里的鐵路通車，由詹天佑負責興建，這是第一條由中國人自行設計完成的鐵路，也是中國第一條山岳鐵路。這項鐵路的完成，成為當時中國鐵道的建設，重要的歷史成就與驕傲。今日的中國鐵道主要路網為標準軌，在雲南省昆明到河口的滇越鐵路，有米軌1000mm的路線，少數地方鐵道有762mm的輕便鐵道路線。

　　2006年7月1日青藏鐵路正式通車，唐古拉山口海拔5072m，取代南美秘魯中央鐵路，成為世界鐵路最高點。2007年1月28日CRH2A和諧號動車組列車，開始在滬杭寧通車營運，中國正式邁入世界高鐵國家之林。2008年8月1日北京到天津的城際路線正式啟用，CRH3的速度高達時速350公里，成為當時全球營運速度最快的高鐵。

　　2015年，中國鐵道的蓬勃發展受到全球的矚目，如今已經成為全世界最大的高鐵路網，經過一個多世紀的建設和發展，中國鐵道總里程長87157km，目前已經超越俄羅斯，僅次於美國，成為世界第二大鐵道路網。北京到廣州的京廣高鐵，旅行時間縮短至九小時以內，締造中國鐵道陸運革命的新里程碑。

劉銘傳是台灣鐵道之父，也是引進騰雲號機車，建設台灣鐵道的功臣。

1906年成立的南滿州鐵道株式會社，總部設於大連的舊址，如今還可以找得到。

1912年台灣阿里山鐵路通車，1932年
通車到塔塔加，海拔最高點2584公尺，
曾經是亞洲海拔最高的鐵路。

中國的青藏鐵路於2006年07月正式通車，海拔最高點5072公尺，取代南美秘魯中央鐵路，成為世界海拔最高的鐵路。

1-2 光華自強莒光復興　勝利前進人民解放
——兩岸鐵道史分隔的一頁

1949年之後，海峽兩岸分治，成了歷史的事實。
兩岸曾經處於劍拔弩張的狀態，期待統一對方，
火車名稱曾經是「光華、自強、莒光、復興」
等等，在那個反共抗俄的年代，台灣的鐵道，
這樣的名稱有其歷史意涵。

在海峽的對岸中國，
他們的火車也有這種政治文化，蒸汽火車名稱
有「勝利、前進、人民、解放」之名，也有
「上游、建設、友好、聯盟」等等，
後來的柴油機車稱「東風」DF，
源自當時的東方紅，
電力機車稱為「韶山」SS，
韶山是毛澤東的出生地，
當年兩岸的柴電機車前方都要有的V形線條，
代表勝利Victory！
這些都是當時，時代的背景，歷史的寫照。

1990年代開始，台灣解嚴，中國開放，
海峽兩岸火車的名稱，隨著時代，都進化了。
2007年起中國出現「和諧號」，
而台灣出現「太魯閣號」，

海峽兩岸，不約而同，
開始有社會文化與觀光導向的火車名稱，
名稱不再那樣嚴肅刻版，
和諧是鐵路新時代的願景。
原來火車的名稱，
是社會氛圍與時代背景的一面鏡子。

2007年1月5日，台灣高鐵700T，
從板橋到左營通車，
2007年1月28日，中國高速鐵路CRH2A，
也在上海南京杭州等地運行，
創下海峽兩岸同年同月，
同時啟用高速鐵路的歷史紀錄。
海峽兩岸，以民生優先，
成了鐵道共通的語言。

如今，回顧戰後中國蒸汽機車的名詞發展，
有很深的政治意涵，也成為歷史的趣談。
先有「勝利」型，才有「人民」型，
原來，勝利是為了人民，
先有「解放」型，才有「建設」型，
原來，解放是為了建設，
原來鐵道有了人民與建設的基礎，
才能努力「前進」，力爭「上游」！

中國鐵道博物館裡的「解放型」蒸汽機車。

台灣鐵道南迴鐵路的「莒光號」，莒光的取名來自「毋忘在莒」。

如今2015年，不論是動車組或是電力機車，「和諧」是海峽兩岸鐵路新時代的共同願景。

1-3 文化差異——海峽兩岸的鐵道名辭比較

海峽兩岸的鐵道名辭，有許多的不同，
這是兩岸分隔許久的文化差異。
首先，台灣稱呼捷運，中國稱之為地鐵。
台灣先進站再購票，中國得先購票才能進站。
台灣買票不用證件，
中國採實名制買票得對證件。
台灣隨時可以進站候車，
中國得通過安檢才能進站候車。
台灣稱呼月臺，買月臺票，
中國稱呼站台，買站台票。
台灣買票進站稱剪票口，中國稱為檢票口。

台灣稱呼柴油機車，中國稱呼內燃機車。
台灣眼中的電聯車與柴聯車，
中國通通稱為動車。
台灣稱呼高鐵列車700T，
中國稱呼和諧號CRH2A。
很幸運的雷同，都是日本新幹線列車，
在2007年營運啟用。

台灣鐵路網為1067mm窄軌，
中國鐵路網為1435mm標準軌。
台灣人習慣用ㄅㄆㄇㄈ，
中國人習慣用羅馬拼音，
台灣人眼中的自強號、莒光號和復興號，
中國人眼中的Z「直達」、T「特快」
和K「快車」。
因此，海峽兩岸的火車命名規則，截然不同，
多到可以寫出這一本書。

不過，
無論台灣與中國有多少差異，
有一點絕對是共通的，
6月9日的鐵路節，
是台灣與中國，
海峽兩岸共通的鐵路節。

在中國火車站的外部先買好車票，才能進站候車。
還有乘車實名制，這是一般台灣民眾比較無法理解的。

日本新幹線列車，是中國鐵道的和諧號，也是台灣的高鐵列車。

所謂中國鐵道的站台票，也是台灣鐵路的月台票。

1-4 歷史交集——海峽兩岸相同的火車大觀

其實，中國與台灣海峽兩岸有許多相同的火車，
在歷史交集的長河裡，只是我們不知道而已。
例如台灣阿里山鐵路Shay蒸汽機車，
中國的京綏鐵路也有相同的火車。
今日海峽兩岸鐵道，
相同來自日本的蒸汽火車，有三種，
包含台鐵的CK120型、DT580型，
總督府鐵道部100型，
日本先送到中國，輾轉送到台灣的蒸汽火車，
也有三種，
包含台鐵的CK80型、CT230型，
總督府鐵道部120型，
因為，從甲午戰爭，到日俄戰爭，
兩岸共同經歷了戰火的傷痕。
這些火車是歷史的交集，
也是苦難的印記。
裡面有多少故事，
其實都藏在這些火車裡。

中國的KD55型蒸汽機車，是日本9600型蒸汽機車，也是
台灣的DT580型蒸汽機車。

日本的9600型蒸汽機車，是中國與台灣共通的蒸汽機車。東京青梅鐵道公園。

中國與台灣海峽兩岸相同的火車整理表

單元	中國鐵道	台灣鐵道（台鐵）
鐵道建設元年	1876年	1887年
鐵道通車元年	1881年	1891年
主要軌距	1435mm	1067mm
次要軌距	1000mm　762mm	1435mm　762mm
海峽兩岸相同的登山火車	京綏鐵路25型Shay蒸汽機車 1435mm	阿里山鐵路Shay蒸汽機車 762mm
海峽兩岸相同來自日本的蒸汽火車	山西同蒲鐵路MG-52型	總督府鐵道部100型
	中國KD-5型　KD-55型	台鐵DT580型
	中國PL-51型	台鐵CK120型
日本鐵道先到中國輾轉到台灣的蒸汽火車	日俄戰爭東北地區9200型	總督府鐵道部120型
	日俄戰爭東北地區B6型	台鐵CK80型
	二戰時期海南島地區C50型	台鐵CT230型
海峽兩岸相同的高速火車	CRH2A和諧號　1435mm （日本川崎重工製的新幹線）	台灣高鐵700T　1435mm （日本川崎重工製的新幹線）

這是東京都內保存的2850型機車，它曾經是台灣總督府鐵道部的100號機車，也是中國山西同蒲鐵路的MG-52型蒸汽機車。

中國CRH2A和諧號的原型，是來自日本的E2系新幹線。

這是日本C12型蒸汽機車，是台鐵CK120型，當年輸出到華北交通，成為後來中國的PL-51型蒸汽機車。

台灣阿里山鐵路Shay蒸汽機車，中國的京綏鐵路也有相同的火車。

1-5 辛亥革命——中華民國誕生與鐵道關聯

從小我們讀孫中山先生的三民主義，讀中華民國憲法，持中國民國護照，身為中華民國的國民，只是知道中華民國，是起源於1911年的辛亥革命，卻未必知道，1911年辛亥革命的成功，中華民國誕生，其實跟火車鐵道有關。

許多人並不清楚，1911年四川辛亥秋保路死事紀念碑，碑座篆刻的浮雕，竟然是火車、鐵軌、號誌、轉轍器？還有，國父孫中山先生鼓吹三民主義，提出鐵路為強國之第一要，他當過中國民國的鐵道部長，他可能也是個鐵道迷？

細說從頭，故事從一百多年前講起。

清宣統三年，因為庚子賠款，國庫空虛，1911年5月，清政府頒佈「鐵路國有」政策，宣佈把民辦的粵漢鐵路、川漢鐵路的主權收歸國有，並賣給英、法、德、美等國銀行團。激起全國人民反對，各省紛紛組織保路同志會，以四川的保路運動最為激烈，1911年9月7日，四川總督趙爾豐，在成都誘捕保路同志會代表，並槍殺請願群眾數百人，輿情譁然，民情激憤，史稱成都血案。此事爆發，清廷恐動亂延燒，命湖北新軍入川鎮壓，造成武昌空虛，革命黨見機不可失，發動了武昌起義，於是10月10日辛亥革命爆發，鄂軍都督府中華民國軍政府成立，1911年底推翻滿清，1912年中華民國正式誕生。

中華民國誕生之後，孫中山先生就任臨時大總統，後來為顧全大局，讓位給袁世凱。當時孫中山辭去臨時大總統之後，第一個工作，就是擔任全國鐵路督辦的職務，相當於鐵道部長的職位 (註)，以實現『實業計畫』所提的鐵道路網規劃，揭櫫其精神，『鐵路為強國之第一要』。他並擔任中華全國鐵路協會名譽會長，後來他祝鐵路雜誌創刊發行，親題『大道之行也 孫文』。

由此可見，對於孫中山先生而言，他寧可不當大總統，卻願意當鐵道部長，因為他知道鐵道建設，對於當時積弱不振的中國，有多麼重要！國父說，不要做大官，而要做大事，在他的建國方略的實業計畫裡，寫的中國鐵道路網，不難找到他對鐵道的熱愛，以及做大事的襟懷，誠令人動容。

如今，一百多年後回顧這段歷史，難以想像，
1911年辛亥革命的紀念碑，也是一個火車紀念碑。
原來中華民國的誕生，與火車鐵道的關係，
竟是如此的深厚！
這是身為中華民國的國民，我們不能忘記的一頁。

發生在1911年的保路事件，四川成都的辛亥秋死事保路紀念碑。

1911年辛亥革命後的臨時政府，位於武昌的中華民國軍政府鄂軍都督府舊址，也就是中華民國政府的前身。

上海鐵道博物館裡的文獻資料，孫中山先生與「鐵道」的相關墨寶。

國父孫中山先生與鄂軍都督府，位於武漢紀念武昌起義的「首義廣場」。

中國鐵道博物館正陽門館典藏，國父孫中山先生『實業計畫』，所提的鐵道路網規劃圖。

Box 尋找辛亥革命那一年
辛亥秋保路死事紀念碑

您若搭火車來到成都火車站，搭乘成都地鐵來到天府廣場站轉車，經過一站即可到人民公園站，出站之後就可以看見辛亥秋保路死事紀念碑。該紀念碑建於1913年，通高 31.85米。台基呈圓柱形，四邊為垂帶踏道。四面嵌入長條大青石，鐫刻 4種書體手書，每字約 1平方米，為清末民初四川書法家，依照東西南北，由張夔階（東）、顏楷（西）、吳之英（南）、趙熙（北），分別用楷、草、行、隸4種字體書寫。碑座分 4層仿照鐵路月臺修建，碑座為方形，四面分別是鐵軌、蒸汽火車頭、鐵道信號燈、鐵道轉轍器，和自動聯接器的浮雕圖案。

（註）1912年8月24日，孫中山到北京會見袁世凱，表示願退出政界，以建設中國鐵道為先。9月10日，袁世凱特授孫文任命狀，以籌辦全國鐵路全權，擬築鐵路先與各國商人商議借款招股事宜。1912年孫中山時出任中國鐵道部總理，設總部於上海，希望透過開放外資，以盡快完成建設中國鐵路。

從廣州到北京的高鐵列車，CRH380A型動車組行經北京西站，其流線的外型引人注目！

2

中國鐵道的旅行常識

Railway
Travel in
China

2-1 化解成見——海峽兩岸的鐵道差異

　　隨著海峽兩岸交流的頻繁，台灣民眾來到中國旅行的人次愈來愈多，搭乘火車、地鐵等交通運輸工具的機會大增。許多鐵道相關名詞與旅行常識，因為文化背景的差異，而有所不同。

　　首先，台灣稱呼捷運，中國稱為地鐵。台灣稱電聯車，中國則稱為動車組，台灣稱呼月臺，中國稱呼站臺。台灣買票進站稱剪票口，中國稱為檢票口，台灣先進站再購票，中國先購票才能進站。台灣隨時可以進火車站候車，中國得通過安檢才能進火車站候車。台灣買票不用證件，中國採實名制，買票得對證件。

　　購票的空間分等與速度分等，是海峽兩岸旅客搭火車最大的差異。台灣人搭火車，除了搭高鐵以外，沒有空間分等，而中國的動車分成商務、特等、頭等、二等共四等，客車分成高軟、軟臥、軟座、硬座、硬臥五等。台灣鐵道客車的速度分等，只有高鐵、自強、莒光、復興（區間車）、普快五種而已，中國鐵道的速度分等，可以分成九個英文字，G高、C城、D動、Z直、T特、K快、S市、L臨、Y遊，加上普通車在內總共十種。以上這些僅僅只是名詞與制度的差異而已。

　　然而，在外在環境與社會文化的差異更大，在中國搭火車過夜旅行，數千公里大江南北三天可達，搭火車可以出國旅行，還會有輪渡過海峽，這種大格局的鐵道旅行，台灣人很難想像。在中國買票大排長龍，恐懼春運與十一長假時搭火車，面對地表最大的運輸人潮擠爆火車站，無法動彈，這些都是

中國鐵道的CRH1A和諧號動車組，台灣稱之為高鐵，行經海南島海口的風景，1435mm軌距。

中國鐵道的T字「特快」車，行經武漢長江大橋。與台灣的自強與莒光屬於相同等級。

台灣的高鐵列車，行經八卦山隧道群。台灣高鐵是採用1435mm標準軌，與中國的鐵道路網相同。

台灣民眾，除非身歷其境所難以理解的。

由於中國鐵路網是標準軌距1435mm，與台灣高鐵相同，這是先天的優勢得以提速，列車營運速度的等級比較高，傳統列車營運時速可達160km/h，但是票價費率卻是相對低廉。台灣鐵路網受限於窄軌1067mm，傳統列車最高營運時速130km/h，但是普悠瑪號與太魯閣號，票價費率卻是相對較高。這是兩岸鐵路基本環境的不同。

面對這些海峽兩岸的鐵道差異，無關優劣，只是需要耐心與理解，才能化解歧異與成見。這些都是本章節論述的內容，期待提供給您嶄新的視野。

台灣最新的普悠瑪號電聯車，中國則稱為動車組，行經花蓮玉里的風景，1067mm軌距。和左頁對照，同為8輛動車組，顏色和軌距不同。

2-2 速度有別——中國鐵道的客車分等

對於台灣民眾而言，鐵道客車分等想到的是高鐵、自強、莒光、復興與區間車、普快，五種費率等級（參閱拙作《台灣鐵道經典之旅——環島鐵路篇》）。然而，當您來到對岸鐵道旅行，鐵道客車的分等制度極為複雜，購票必須入境隨俗，重新學習。

中國鐵道的客車分等有兩種，一種是「空間分等」，一種是「速度分等」。台灣民眾在買火車票之前，建議大家可以上中國鐵路客戶服務中心網站「www.12306.cn」查詢，依照自己的空間與速度需求去買票。

首先空間分等，是依照旅客的乘坐空間大小來區分票價，若是動車組，則分成商務座、特等座、頭等座、二等座共四種，動車速度可達200公里以上，乘坐空間有基本的舒適程度，座椅分成了雙排、三排、四排、五排座等。若是一般的客車，分成軟臥、軟座、硬座、硬臥四等，軟字代表比較好，硬字代表基本的，臥字代表有床，座字代表座位。請參閱本書第二冊客車單元詳細說明。

此外，有些火車還有提供高級軟臥，兩人一室，十

中國鐵道車站裡面，都有車站剩餘票額告示，車次的D或G，代表不同車種。

分的舒適，或是提供無座票，僅供旅客站立，在春運期間一票難求時，旅客長途旅行擁擠坐在走道上，是常有的事。以上這十種分等，濃縮成以下十個字，商特頭二，高軟硬，臥座無，依照座位空間的大小，票價的級距落差極大，也反映中國社會的貧富懸殊。

其次速度分等，是依照旅客的速度快慢來區分票價，大約也是分成十等，以下針對中國鐵道的速度分等，依照速度的快慢，票價的高低，分成以下的等級：

第一類　高鐵列車 High Speed Rail

G：高鐵動車組列車，速度最快，昔日可達350-380km/h，如今降速300 km/h。

C：城際動車組列車，比起G車次停靠站略多，速度250至350km/h。

D：動車組列車，速度200至250km/h，是國民普及版的高鐵。

這個範圍的列車，都是在2007年以後投入營運的動車組（EMU）。而高鐵列車的車票，標示方法有別，G字開頭車次是高鐵，C字開頭代表城際，D字開頭的就是動車。G、C和D分別是「高」字、「城」字和「動」字漢語拼音的字母。同一班列車，基本上分成商務座、特等座、頭等座、二等座，票價有所不同。頭等座、二等座的座位是最多的。商務座、特等座、是服務頂級的旅客。商務座又包含一等包座與觀光座兩類型，在本書動車組單元會有更多說明。

D車次，一般的動車組，早年用條碼的車票。

C車次，城際的動車組，後來改用QR code的車票。

G車次，高速的動車組，藍色新式的高鐵磁票。

現今中國新式車票，有QR code，也有證件號碼，採實名制。

K車次，平民化的快車，從昆明到峨眉一千多公里，才124元人民幣，實在是很便宜。

中國鐵道分兩種車票，有紅色的軟紙票，與藍色的磁票，前者走人工檢票，後者走自動檢票閘口，這是進月臺的公告。

中國的K車次快速列車。

雖然，中國百姓普遍認為，D車次的動車組不算高鐵，只是城際的快車。但是依照國際鐵道聯盟UIC（International Union of Railways）的技術規範，只要鐵路列車達到營運時速200km/h，即可稱之為高鐵。而且D的車次相對便宜，並且有長途的高鐵動臥列車，可以在車上過夜，中國鐵道特別廣告：移動賓館，免費晚餐，夜行兩千里，最低不足千元，例如從成都到上海D358次，2153 Km的距離夕發而朝至，實在是城際旅行的絕佳選擇。

第二類　城際快車 Intercity Express

Z：直達特快列車，可達160 km/h，停靠的車站很少，不亞於D車次。

T：特快列車，可達160 km/h，停靠的車站，較直達特快略多。

K：快速列車，可達120 km/h，目前中國鐵道最普遍的旅客列車。

（N內字列車，也就是俗稱各局的管內列車，現在已取消，併入K字列車）

這個範圍的列車，都是以電力機車，或是柴油機車牽引的客運列車，速度從120

至160 km/h不等，Z、T和K分別是「直」字、「特」字和「快」字漢語拼音的字母。其字面的意義，與過去台灣的自強、莒光、復興號差不多。

如果是長程過夜的列車，基本上設施完善，從軟臥、軟座、硬座、硬臥、餐車、行李車，六種俱全，有些車次還有提供高級軟臥，例如從北京到西安Z19/Z20次，從北京到烏魯木齊T52/T53次。如果是中程的列車，沒有過夜的需求，則沒有提供軟臥、硬臥車，朝發而夕至。同一班列車，旅客依照乘坐的服務水準，亦分高軟、軟臥、軟座、硬座、硬臥五等，票價有所不同。

其實中國最普遍的是K車次，它是平民化的快車。它不只是國內旅行的國民列車，有不少是知名的國際列車，例如K19/K20次列車，就是北京經哈爾濱，經西伯利亞鐵路到莫斯科的火車，全程七天六夜，長達8985 km。又如中國最經典的山岳鐵道，從成都到昆明的成昆鐵路，K113次，長達1100 km，硬座不過140元，最好的軟臥才390元人民幣，這個費率實在是低。只能說這個範圍的列車，真的提供了中國一般國民旅行，

建議台灣民眾在買火車票之前，可以上中國鐵路客戶服務中心網站「www.12306.cn」查詢。

從中國鐵道的網站查詢價格，動車分成商務、特等、一等、二等共四等，客車分成高級軟臥、軟臥、軟座、硬座、硬臥五等。

舒適與廉價的長途運輸服務。

第三類　地方列車 Local Train

S：市郊列車，以服務都市近郊，衛星城鎮而開的快車，時速可達120km/h。

L：臨時列車，因應春運等高峰，多數服務範圍在省內，時速可達120km/h。

Y：旅遊列車，因應旅遊季高峰，多數服務範圍在省內，時速可達120km/h。

1001-5998：一般普快列車，可能跨越不同鐵路局，時速可達120km/h。

6001-7598：一般普通列車，可能跨越不同鐵路局，時速可達100km/h。

7601~8998：每站皆停的普通車，包含地方的窄軌鐵路火車。

這個範圍的列車，最大的特徵，就是非常的便宜，以滿足百姓的通勤需求。例如S的車次，從北京到炎慶83 km，搭火車去八達嶺長城，時速可達120km/h，才人民幣6元。又例如8863次，昆明到石嘴的窄軌小火車，才人民幣1.5元。

這個範圍的列車，基本上運行距離不長，大多數在省內，跨鐵路局的機率不大，也就是地方列車，相當於台灣的區間車。不過中國地大物博，地方列車的行駛距離，可能高達數百公里，例如從昆明到大理、麗江等等。有些L或Y字列車，是高級雙層客車，並設有臥舖的長途火車。而四位數字這個範圍的普通火車，因為旅運距離短，多數只有提供硬座與軟座，不少還是可以開窗戶的綠皮車。

最後，中國鐵道客車的速度分等，可以濃縮成以下九個英文字，GCD、ZTK、SLY，加上普通車共十等。想去中國鐵道自助行的朋友，您記起來了嗎？

當您明白了中國鐵道的客車分等，「空間分等」與「速度分等」的制度，下一步就是去購買車票了。中國鐵道分兩種車票，有舊款紅色的軟紙票，與新款藍色的磁票，有QR code，也有證件號碼。前者在人工售票視窗購得，後者可從自動售票機取得；前者走人工檢票，後者走自動檢票閘口。

最重要的是，今日中國鐵道搭火車採實名檢覈制，車票必須核對旅客身分，正確才能上車。因此，目前持臺胞證者購票的台灣民眾，沒有新一代條碼的身分證，必須走人工售票窗口購買車票。然而，搭乘城市軌道交通，則沒有實名制的問題，可自由購票上車，軌道交通包含地鐵與輕軌，地鐵也就是台灣俗稱的捷運。關於實名制與購票上車的流程，在下一個單元中國鐵道的乘車常識，有詳細說明。

中國鐵道的網站廣告，列車服務員很細心地整理軟臥的房間。

中國鐵道的網站廣告，高鐵的動臥列車，可以在車上過夜，移動賓館，夢中旅行，夕發朝至，世界首列。

中國鐵道搭乘火車採取實名制，搭乘軌道交通則沒有實名制的問題。這張上海的鐵道風景，後面那班是火車，前面這班是軌道交通。

2-3 入境隨俗——中國鐵道的乘車常識

2011年6月開始，搭乘中國火車購票均實行實名制，購票時要拿證件，車票必須核對旅客身分，進站通關得核對證件才能上車。不過，往來中國內地和香港的京九直通車、滬九直通車、廣九直通車以及國際列車，因為旅客需憑護照或臺胞證等證件通關才可上車，所以購票時可以不拿證件，但是旅客進站通關時，一樣得檢覈證件。

近年隨著電子商務的趨勢發展，2010年1月開始，鐵道部開始提供中國鐵路客戶服務中心網站「www.12306.cn」，旅客也可以通過網路查詢火車時刻表與購票。不過通過網路購票的證件，被限制為「中華人民共和國居民身份證」、「港澳居民來往內地通行證」、「台灣居民來往大陸通行證」、「護照」四種，透過信用卡付費，其實未必方便。

這個單元將中國鐵道的乘車旅行，實際的購票與乘車流程，以十二張圖的解說來導覽一次，讓台灣民眾體驗實名檢覈制，整個鐵道乘車的流程，增加大家對於中國鐵道的乘車常識。當然，有很多地方與台灣鐵道的文化是不一樣的，何妨以理解與體驗的心，入境隨俗，試著去探索中國鐵道的乘車常識與文化。

01 人工購票

中國火車站必設有人工售票處，排隊的人非常的多。有時會碰到有民眾插隊，務必有耐心處理與等候。車站裡面有剩餘車次公告，尤其是Z「直」、T「特」和K「快」這些平民快車，需求非常地大，如果能提早幾天去買票，比較保險。還有，盡可能不要在春運期間與十一長假等熱門假期，去中國搭火車旅行，買不到車票的機率很高，還有千萬不要情急去購買黃牛票，在中國這種交易是犯法的行為。

02 自動售票

若是搭乘D、C、G三種中國高鐵動車組以上的車次，可以使用自動售票機，過去台灣民眾可以購買。如今採用實名檢覈制，旅客必須有條碼的二代居民身份證，通過掃描才能購票。因此，目前持臺胞證者無這項功能，台灣民眾買車票必須走人工售票視窗，若是自己買票也幫別人買票，要拿兩本臺胞證，才能買兩張車票。（2015年7月起新發的卡式台胞證具備條碼即可以使用該功能）

03 實名檢覈

中國鐵道從2011年6月起採用新的實名檢覈制度，跟美國的火車一樣，也跟飛機票相同，車票必須核對旅客身分，正確才能上車。因此，買完車票要進車站安檢時，旅客必須持車票與證件核對才行，絕對不能馬虎。如果疏忽的話，可能被拒絕進站。

❹ 安全檢查

在中國的火車站與地鐵（捷運）站，必須在外面買好車票，過安檢才能進來車站裡面候車。因此，安檢門外大排長龍是正常的，建議最好早一點排隊進站，才不會卡在人群中動彈不得。還有飲水是可以攜帶的，與航空安檢不同，而且旅客在通過安檢之後，也得小心自己的行李，別在兵荒馬亂中出錯，或是被別人拿走。

❺ 大廳候車

安檢完終於進來了車站內，候車廳多半相當寬敞舒適，尤其是中國新建的高鐵車站，都蓋得非常地漂亮，很值得進來參觀，甚至設有眺望區。不少新的高鐵站，可以憑車票去換瓶裝水，有飲食販賣部，有廁所，甚至有WIFI，提供許多生活機能，您可以安心地候車休息。

❻ 車站必備熱水機

這是中國鐵道一個很有趣的文化，因為吃方便麵(台灣稱泡麵)的人很多，所以車站必備熱水機，讓民眾可以拿保溫杯去盛裝，但是小心燙傷。大多數高級的火車，例如D、C、G三種動車組以上的車次，火車上也有一樣的設備。

❼ 注意公告

車站會告知列車停靠的站臺（台灣稱月臺）與開車時間，並且在開車前十分鐘，旅客可以進到月臺裡面。不過，在列車即將開車之前，有可能臨時變動，更改月臺位置，或是延後發車時間，所以注意公告，謹慎為宜。

❽ 月臺驗票

最後要進站前，必須再排一次隊，通過月臺驗票閘口。中國鐵道分兩種車票，紅色的軟紙票，與藍色的磁票，紅色請走人工檢票，藍色走自動檢票閘口，就像捷運一樣，放入車票後自動打開閘門，然後取票後盡速離開。

⑨ 依序上車

如果該列車不是始發站,那麼旅客必須在月臺上候車。中國有很多列車很長,車廂數目很多,例如CRH380L系列,有16節車廂長達四百餘米,最好依照車號找對地方候車,尤其是拖著行李旅行,更為重要。這些年來,在月臺上拍火車與火車合照是被許可的,但是最好低調,尊重車站人員的指揮,並注意上車時間。

⑩ 整齊乾淨

這些年來中國鐵道進步很多,旅客乘車文化也有大幅改善,尤其是D、C、G三種動車組以上的車次。因此,即使外國乘客,也務必尊重他人,不要將行李置於走道上,不要亂丟垃圾,或是在車廂內大聲講手機,這些在中國稱為不文明的行為。

⑪ 車掌驗票

長途列車一定會有車掌驗票,這時請拿出車票檢覈即可。在某些鐵道的車次上,可以接受補票,但是必須誠實說明原因。還有,多數隨車服務人員不喜歡被拍照,若要在車廂內拍照的話,請事前善意告知,多數的隨車服務人員,還是願意給予外國遊客友善的回應。

⑫ 出口驗票

最後到達目的地,走出火車站,中國鐵道車站的出口與入口動線不同,循出口離開即可,而且出去之後不能再進來。許多新的高鐵車站,會再設一個閘口,持藍色的磁票,逕行通過閘口之後,車票可以取回作紀念,持紅色軟紙票,請走人工通道。如果車票遺失,可能會無法出站,所以務必小心保管好您的車票。

2-4 運籌帷幄──中國鐵道的都市旅行

中國的鐵道運輸與城市軌道交通，兩者的性質不同，雖然都是火車，行走鐵軌的電車，但是服務範圍與管理制度有別。前者提供的是城際的旅行，範圍很大，有實名制的限制，後者提供的是都市內的旅行，以都會通勤為主，範圍較小，沒有實名制的限制，以地鐵服務占大多數。

現在要去中國的大都市自助旅行，實在很方便。因為中國許多大都市，都有了地鐵。只要買了地鐵票或是一日券，即可自在地在都市內旅行，同時多數地鐵系統或鐵路系統，都會連接到都市附近的機場，只要能從機場買票搭到都市中心，這也使得都市的航空自由行，變成可能。旅客只要有機票、機場快鐵票、酒店住宿券、地鐵票，四券在手，便可以都市自在旅行，暢行無阻。

一般旅客印象最深刻的，無非是中國上海與香港的自由行。其實，中國可以地鐵自由行的大都市，到2015年底已經有23個都市，而且中國多數地鐵的地下區間，普遍設置月臺門，與香港一樣，十分的安全。這23個都市為北京、天津、長春、大連、哈爾濱、瀋陽、南京、寧波、蘇州、上海、杭州、武漢、成都、重慶、長沙、無錫、西安、鄭州、昆明、深圳、佛山、廣州、香港，未來幾年地鐵仍持續在修建，地鐵都市數目還在持續增加當中。

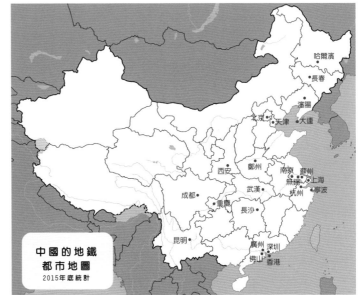

中國的地鐵
都市地圖
2015年底統計

上海連接浦東機場的磁浮列車。

不過，中國的地鐵，旅客進站都必須先通過安檢，才能通過閘口上車。這也是台灣的捷運，與中國的地鐵，最大不同的地方。然而，只要是這一類型的地鐵與通勤鐵道，沒有實名制的困擾，旅客可以現場付費買票、用一日券、一卡通（當地電子錢包）通過閘口。建議如果搭乘四次以上，用一日　比較省錢方便。

此外，在歐洲經常可以見到的路面電車Tram，輕軌LRT，優遊於都市中，在中國也可以見到。搭乘的需知，與以上地鐵相同，多數是一票到底，管進不管出，而且都有銜接地鐵路網，十分的方便。包含瀋陽、長春、大連、天津、南京、上海、蘇州與香港，都有這些路面電車與輕軌電車體系。裡面不乏有古典的路面電車，雙層的路面電車，現代的低底盤電車，甚至是先進

的Translohr膠輪與軌道導向電車系統，琳瑯滿目。

中國多數的地鐵，都還是傳統鐵路的列車，也就是鋼輪鋼軌的火車。少數如重慶，有所謂的膠輪式單軌電車，上海有連接浦東機場的磁浮列車。關於這些都市內的電車形式，本書第二集，在城市軌道交通單元，會有完整的介紹。

重慶的單軌電車。

大連的輕軌電車。

中國的地鐵地下區間，普遍設置月臺門。哈爾濱的地鐵列車。

中國的地鐵，旅客進站都必須先通過安檢，才能通過閘口上車。

上海的二號線地鐵電車。

上海先進的Translohr膠輪電車。

2-5 大江南北──中國鐵道的營運路網

　　中國鐵道的營運路網非常地大，大江南北迄今2015年，里程總長87157km，鐵道路網總里程僅次美國，但是鐵道客運路網為全球最長。這些中國鐵路名稱很多，許多名稱在以前的地理課本中都曾經聽過，例如浙贛鐵路，成昆鐵路等等，這些都可以從地圖中去細細探究。

　　然而，這些中國的傳統鐵路，隨著鐵路現代化的來臨，必須加以改變，提升服務水準，同時隨著中國高鐵四縱四橫的規劃，更多的鐵路幹線名稱，不停地加入，林林總總，不一而足。此時中國鐵道的地圖，產生大幅的改變，已非過去地理課本的路網。

　　而過去這些中國的傳統鐵路網，不是被新的高鐵路網所取代。而是透過鐵路電氣化，高架化，重軌化，號誌系統更新化，並加入新的列車，用新的機車牽引，用新的車廂。部分路線截彎取直，調整時刻表排點，減少停靠站，拉高整體平均時速，以提升競爭力，這樣的過程，稱為「大提速」（Speed up exiting line）。

　　鐵路大提速，在歐洲國家以德國實施最為徹底，從此德國城際列車IC與EC，可以達到時速200公里，而且遍佈都市與鄉村，包含德國高鐵ICE，其服務路網也不限於高速幹線，而能延伸到提速後的傳統鐵路。

　　從1997年至2007年期間，中國鐵路一共進行了六次大提速。這些提速的過程，使得傳統鐵道幹線的速度，從原本100-120公里，提升到200-250公里，徹底提升與改變了中國鐵道的體質，邁向現代化的鐵道國家之林。許多城市之間的鐵路幹線成為四線

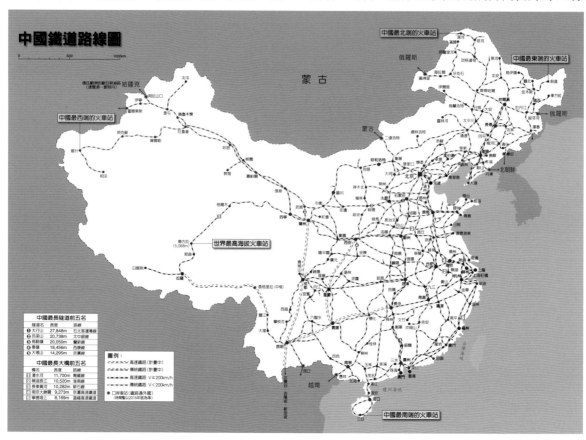

中國鐵道在提速過程中，除了現有的鐵道運行之外，另建高架的新路線，以提高行車速度。圖為東北的吉林火車站外，火車正行走既有路線，新路線正在興建中。

中國鐵道經過提速之後，新建的高架鐵道橋。圖為雲南的麗江。

化，包含傳統鐵路提速雙線，以及新建的高速鐵路雙線，平行運輸達到最大運量。

第一次大提速　客運最高時速達140公里

　　1997年4月1日，中國鐵路實施第一次大提速。以瀋陽、北京、上海、廣州、武漢等大城市為中心，調整原本時速120公里的基準，開行了最高時速達140公里、平均旅行時速90公里的40對快速列車，和64列夕發朝至的列車。在提速前的1993年，全國列車平均旅行速度僅有48.1公里。1997年提速之後，全國旅客列車平均旅行速度，提升到54.9公里。

　　這一回大提速，首次出現許多最高時速160公里的25K客車，與最高時速170公里的韶山8型電力機車。關於客車與電力機車的演進，在本書第二集會有完整的介紹。

第二次大提速　客運最高時速達160公里

　　1998年10月1日，中國鐵路實施第二次大提速。直通快速旅客列車在京廣、京滬、京哈三大幹線的提速，最高時速可達到160公里。夕發朝至列車大幅增加到116車次。而廣深線160公里的列車，也以準高速的名義行駛。

　　此外，廣深鐵路採用新時速列車，瑞典的X2000型，最高時速達到200公里，中國合乎UIC的定義，正式邁入世界高速鐵路之林，只不過高鐵路網並未普及，但卻是個重要的開始。在這兩次大提速後，大幅提升鐵路客運競爭力，鐵路運輸在1999年實現轉虧為盈。

第三次大提速　重新分類調整列車的等級和名稱

　　2000年10月21日，中國鐵路實施第三次大提速。重點是提升了歐亞大陸橋的

隴海鐵路、蘭新鐵路、京九線和浙贛線。全國列車平均旅行速度，提升到60.3公里/小時。

這次提速主要是重新分類和調整列車的等級和車次名稱，全國鐵路實行聯網售票，在實行第三次大提速以前，當時特快、普快、普客列車，車次並沒有以字母區分，而是以1～199為特快，201～499為普快，501～999為普客。從此建立 Z直、T特、K快、S市、L臨、Y遊，加上普通車的分等。

第四次大提速　直達列車　夕發朝至　臥鋪快車普及化

2001年10月21日，中國鐵路實施第四次大提速，和新的列車運行路網。經過提速之後的傳統鐵路，增開了特快與直達列車，例如在京滬鐵路，北京至上海間自18：00—20：00，兩個小時連續開行了4對夕發朝至的臥鋪快車。此次提速範圍，覆蓋全國大城市和大部分鄉鎮地區，鐵路提速里程延展至13000公里，包含武昌至成都、京廣線南

段、京九線、浙贛線、滬杭線和哈大線進行提速。列車平均旅行速度提升到61.6公里。

第五次大提速　客運幹線160公里普及化最高時速達200公里

2004年4月18日，中國鐵路實施第五次大提速，經過提速之後的傳統鐵路，電力牽引的營運時速，列車可達200公里。此次新投入營運的高級電力機車有韶山8型與9型，高級內燃機車有東風11G型，第五次大提速後中國鐵路網，時速160公里以上的鐵路高達7700公里，時速200公里的鐵路達到1960公里。

在鐵道路網全面提速的前提下，長途的鐵道幹線，猶如順江而下，輕舟已過萬重山。中國開行19對Z直達特快列車，主要範圍是京滬、京哈等鐵路幹線，其中上海鐵路局有11趟，包括5趟京滬直達列車。列車運行速度普遍提高，如北京到上海，過去的T特快列車運行時間在 14 個小時，新的Z直達特快列車的運行時間僅需11小時58分。列車平均旅行速度，提升到65.7公里。

中國鐵道的客運與貨運一樣地重要。圖為海拉爾車站外客車與貨車交會。

第六次大提速　客運最高時速達250公里

2007年4月18日，中國鐵路實施第六次大提速，這是最後與關鍵的一次，鐵路幹線開行CRH1A與CRH2A動車組列車，使得旅客列車的營運時速，可達200-250公里，正式開啟了中國高鐵的新世紀。關於CRH動車組，在本書第二集會有完整的介紹。

除了開行CRH高鐵的動車以外，此次大提速的傳統鐵路幹線，包括京哈線、京廣線、京滬線、京九線、隴海線、浙贛線、蘭新線、廣深線、膠濟線、武九線以及宣杭線。全國鐵路的平均旅行速度，提升到70.18公里。

2007年是最後一次，中國鐵道的提速完成，中國大量開行CRH高鐵動車，成為城際列車的主流。從此之後，中國鐵路不在傳統鐵路上求提速，而是著眼於建設高速的平行客運專線，也就是高鐵的建設，最高營運速度，可以達到350公里。此外，中國鐵道的貨運，在這一次提速中也十分進步，增開了最高時速達160公里的特快行包專列，在已經提速的幹線上，開行時速120公里、載重5000噸貨運的重載列車。

誠然，在2007年中國高速鐵路CRH開始之前，這些傳統鐵路的提速，列車平均旅行速度提高，對整個中國鐵路網的服務水準，有非常大的幫助。這些Z直、T特、K快的鐵路列車，才是一般老百姓搭得起的火車，最高可達160 km/h，造福了多數中國的老百姓。而200km/h以上的D、C、G三種高鐵動車組，並非所有百姓都搭得起。

當然，有利則有弊，歷經幾次大提速，導致大批縣級的小站消失，窄軌體系的鐵道難以生存，使得小城鎮居民出行困難。速度較慢價格低廉的綠皮普通車，被迫退出運行，使得低收入的民眾，逐漸失去搭乘廉價火車旅行的機會。這也是追求時代進步，社會競爭力的提升，不得不然的抉擇。

2007年最後一次中國鐵道的提速完成，中國大量開行CRH高鐵動車，成為城際列車的主流。圖為北京南站的CRH380CL。

2-6 風馳電掣——中國鐵道的高鐵路網

何謂高速鐵路，依照國際鐵道聯盟UIC（International Union of Railways）的技術規範，只要鐵路列車達到營運時速200km/h，即可稱之為高鐵。

中國的鐵路從1997年起，經過計劃性的大提速，火車速度一直在提高。1998年6月24日，中國在廣深鐵路，以瑞典X2000型在廣深鐵路，行駛的高速列車「新時速」，最高時速200公里，從廣州到深圳139公里，僅需1小時05分，達到UIC的規範，這是中國鐵路完成跨越高鐵門檻的第一步。2007年4月18日起，中國CRH和諧號列車，以營運時速200km/h開始營運，中國正式邁入世界高鐵國家之林。

中國高速鐵路分成兩種路線，一種是傳統鐵路提速後的路線，最高營運時速可達200公里，除了提供CRH的動車組，其他電力機車牽引的快速客運列車，與貨運列車也可以行駛。第二種是新建的高架路線，設計時速在250公里以上，專門提供高速客運使用幹線，沒有貨運，稱為客運專線。這種鐵道路線全程高架，而且截彎取直，里程會比原本傳統路線來得短。新的客運專線完成，往往得另外興建新的車站，例如武漢車站即

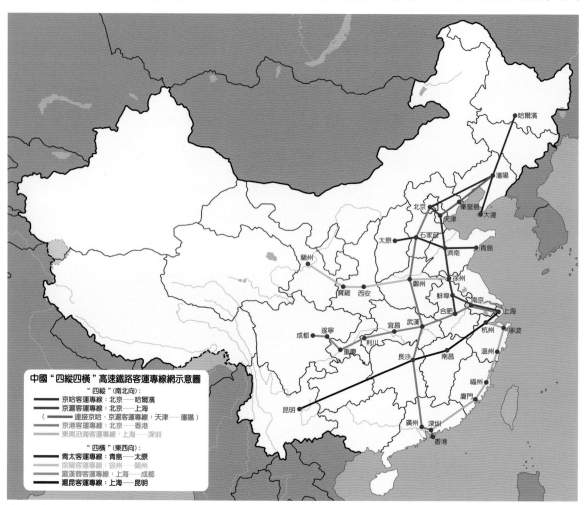

中國的高鐵主要幹線路網客運專線，四縱四橫的示意圖。但是本圖不包含利用傳統鐵路提速之後的高速鐵路網。

是，成為中國高鐵的南北輻輳核心。

中國高速鐵路在新建的高架路線規劃方面，初期以四縱四橫客運專線，設計時速為300-350公里級別，為全國主要幹線，四縱包含京滬客運專線（京滬高鐵），北京到上海1318km，京廣深港客運專線，北京到香港2260km，京哈客運專線，北京到哈爾濱1700km，杭福深客運專線，杭州到深圳1600km共四條。四橫包含太青客運專線，青島到太原770km，徐蘭客運專線，徐州到蘭州1400km，滬漢蓉客運專線，上海到成都1600km，滬昆客運專線，上海到昆明2080km共四條。總長達到12000公里，堪稱世界上最大規模的高速鐵路網。

中國高速鐵路的列車和諧號CRH，是China Railway High-speed train的縮寫，和諧這個名字是不止是代表「人與自然」的和諧，也代表「科技整合」的和諧，因為是由中國引進外國核心技術，再配合自主研發的機電技術，才能製成和諧號。目前和諧號一共有四種主要型式，分別是CRH1、CRH2、CRH3和CRH5。CRH1以瑞典Regina C2008為基礎，CRH2以日本新幹線E2系-1000型為基礎，CRH3以德國ICE3 Velaro為基礎，CRH2C則以新幹線E2系-1000型再提升，CRH5以義大利Pendolino為基礎。而CRH2E與CRH2E為速度250km/h的16輛編組的高鐵臥鋪列車，這兩款高鐵是其他國家的高鐵所沒有的，也是中國所獨創的科技與服務。關於這些高鐵的動車形式，本書第二集，在動車組這個單元，會有完整的介紹。

而中國高鐵和諧號車票，可以分成G高鐵動車、C城際動車、D一般動車三種。D一般動車的車票，最高營運速度200-250km/h，比較便宜。至於C城際動車的車票，G高鐵動車的車票，最高營運速度超越350km/h，最為昂貴。雖然在中國動車與高鐵，在速度上有明顯劃分，營運時速250 km/h以上的列車稱為高鐵；最高營運時速約200-250公里為動車，也就是傳統鐵路高速化的車種。因此，故有溫州事故列車屬於「動車」而非「高鐵」之說，事實上以國際UIC規範高鐵的定義，G高鐵動車、C城際動車、D

中國高鐵的輻輳核心，武漢車站。

一般動車三種，都還是在高速鐵路的範疇。2008年8月1日，北京到天津的城際高鐵路線正式啟用，CRH3的速度高達時速350 km/h，成為全球營運速度最快的高鐵。2008年4月24日，CRH2C在於京津客運專線上，進行高速測試，打破過去中華之星的紀錄，最高速來到370 km/h。2011年1月9日，中國CRH380BL「和諧號」電力動車組，其試驗編組在京滬客運專線，創下最快487.3 km/h的紀錄。中國高速鐵路的蓬勃發展，受到全球的矚目。

不過，2011年7月，甬台溫鐵路發生追撞事故後，引發了民眾對高鐵安全的擔憂。原本中國高速鐵路的最高營運時速為350 km/h，在盛光祖接任為國家鐵道部部長之後，決定將車速降至300km/h。此外，由於高鐵G與C的車次增加，造成民眾的負擔，例如上海到北京的高鐵商務艙，必須花費1748元人民幣。為了別讓高鐵G與C的動車組車次，排擠了原本D車次的動車組，所以增加開行票價較為低廉的的D車次列車，以平衡不同經濟能力旅客的需求。

從2010年起，中國已經成為全世界高鐵營運里程最長的國家。截至2015年UIC的最新統計，中國高鐵運營時速200公里以上的鐵路，里程為20380公里，占世界高速鐵路總里程29792公里的一半以上。全球有16億高鐵旅運人口，中國即佔了一半8億之多。預計到2020年，高速鐵路的總里程將高達三萬公里。

行經都市的高鐵列車，CRH1A型動車組。

上海到北京的高鐵商務艙，必須花費1748元人民幣，
兩人將近3500元。

中國的高鐵車站月台。

從廣州到北京的高鐵列車，CRH380A型動車組行經北京西站，其流線的外型引人注目！

2-7 火車換軌——中國鐵道通往鄰國的列車

在台灣出國都是要搭飛機或是搭船，所以機場與港口是國門。但是在中國，搭火車也可以出國，這就是「鐵路國門」。

中國位處歐亞大陸東部，面積遼闊，並與十四個國家接壤，中國鐵道是歐亞鐵路網中最重要的，鐵道路網也關係到亞洲的地緣政治。截至2015年為止，中國共有11條鐵路，與周邊鄰國連接，包含俄羅斯3個鐵路口岸、北韓3個鐵路口岸、越南2個鐵路口岸、蒙古1個鐵路口岸、哈薩克2個鐵路口岸，中國與這5個國家實現直通客貨運輸。火車必須穿越「鐵路國門」之後，才能到達鄰國或進入中國。

不過，由於中國鐵路是1435mm標準軌距，俄羅斯與蒙古及哈薩克，都是俄羅斯的寬軌1520mm（以前是1524mm），所以火車來到了邊境口岸都市，必須更換火車轉向架，以適應不同的鐵道軌距，稱之為換軌。但是連結器則不用更換，因此才有特殊的口岸型火車，裝有特殊連結器，可以牽引鄰國的列車。

中國與俄羅斯鐵路的聯繫，有很長久的歷史，從滿清時期的東清鐵路，中俄的

滿洲里的中俄鐵路國門，來自後貝加爾斯克的俄羅斯火車，也得改軌距才能行走中國的標準軌。

二連浩特的中蒙鐵路國門，中國火車必須換車輪改軌距，才能進入蒙古境內。（曾翔 攝）

鐵道已經接軌。長期以來，中國的鐵路分別在滿洲里，綏芬河與琿春這三個邊境口岸，與俄羅斯鐵路連接，不過必須換軌才能通行。目前開通北京—莫斯科的客運列車，K19/20次經哈爾濱與滿洲里，進入俄羅斯境內，而K3/4次則是北京經蒙古的烏蘭巴托到莫斯科，也就是知名的西伯利亞鐵路列車。

米軌火車穿越中越河口的國門，滇越鐵路的中越友誼橋。
（王福永 提供）

這是遼寧省的丹東，鴨綠江上的中朝友誼橋，橋上的鐵路
可連接北韓的新義州。

中國與俄羅斯邊界，鐵路的綏芬河口岸。（中國鐵道博物
館正陽門館 提供）

中國與蒙古鐵路的聯繫，在二連浩特口岸，是中蒙之間唯一的鐵路口岸，也是必須換軌。目前已開通北京—烏蘭巴托K3/4次、呼和浩特—烏蘭巴托、二連浩特—紮門烏德—烏蘭巴托，三條國際聯運的鐵路客運列車。

中國與哈薩克鐵路的聯繫，有兩個口岸，阿拉山口與霍爾果斯，目前仍然存在著換軌的問題。1992年12月1日起，開辦經由阿拉山口—多斯特克的國際聯運，1992年6月21日起，開通阿拉木圖—烏魯木齊國際旅客列車，2012年12月23日，哈霍爾果斯至阿騰寇里鐵路正式通車。目前，由於歐亞新絲路的規劃，也就是新亞歐大陸橋，中國經哈薩克開行至中亞國家，前往德國、捷克與波蘭等國的貨櫃列車。未來延伸蘭新高鐵的路網，進入中亞境內，沒有換軌的問題，那麼中國開往歐洲的貨運列車，速度可以大幅地加快，班次亦可大幅的增加，也將影響世界歐亞海運的版圖。

至於北韓鐵路是1435mm標準軌，與中國軌距相同，沒有換軌問題，火車越過可以直通。目前有三個鐵路口岸，除了遼寧省的丹東，越過鴨綠江上的中朝友誼橋，可連接北韓的新義州之外，尚有吉林省的圖們與集安，兩個鐵路口岸。

而越南鐵路則是米軌1000mm軌距，所以存在著軌距不同的問題，所以在雲南的河口與廣西的憑祥，這兩個鐵路口岸，則是以不同的方式進入越南。從中國雲南到越南河口火車不換軌，設有窄軌的滇越鐵路（昆河線）營運。而廣西的憑祥，則是多修一條鐵軌，也就是以1000mm+1435mm三軌線的鐵路方式，越過友誼關通達越南的河內，例如T8701/8702次，從廣西的南寧通達越南的河內。

2-8 火車輪渡——中國鐵道跨越海峽的列車

火車輪渡,顧名思義,就是火車從港口的浮橋開上了船,經由船運過江或是海峽,到了對面的港口,火車再從船開回陸地上。這種特殊的運輸情形,全球已經不多見,主要是因為橋梁技術的進步,河底與海底隧道的普及,火車穿越橋梁或隧道,以避免因為氣候因素,海象惡劣,造成鐵道運輸中斷。

1988年以前,日本本州與北海道、四國之間,即有火車輪渡的存在。後來隨著青函海底隧道與瀨戶海上大橋的開通,從此走入歷史。1994年,英法海底隧道Euro Channel開通,歐洲之星的營運,更是全球一大盛事。如今,還想要看到火車開上船,反而是一件稀有的事。

中國鐵道過去由於長江黃河等大河,江面遼闊,昔日火車過江必須經由輪渡,稀鬆平常。後來隨著科技進步,武漢長江大橋,南京長江大橋依序完成,火車過江不再經由輪渡。如今只剩從海南島到廣州省的鐵路,火車輪渡船必須越過瓊州海峽,從海南島的海口,到對岸廣州的海安。

而火車來到輪渡站,往往一列火車必須透過來回調度,拆成四段到六段,依序

這是越過瓊州海峽的火車輪渡船,從海南島的海口,到對岸廣州的海安。

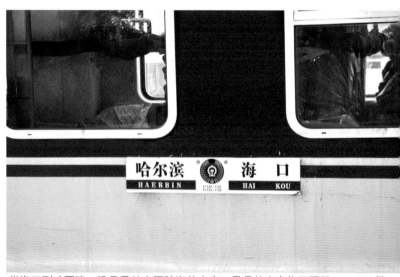

哈尔滨	海 口
HAERBIN	HAI KOU

從海口到哈爾濱,這是目前中國跨海的火車,最長的火車旅行距離,K1123與K1124次列車。

推入船中。當輪船靠岸後,火車也必須依序加以組合,由於已經不多見,成為一件非常有趣的事。尤其是從海口到哈爾濱K1123與K1124次列車,從南方熱帶到北方寒帶,這是目前中國跨海最長距離的火車,恐怕也是全世界火車輪渡,跨海最長距離的旅程。

這是火車上船的畫面，浮橋的軌道與渡船，還連接著。

這是火車輪渡船已經離開，只剩浮橋銜接軌道的畫面。

這是上海鐵道博物館展示的火車輪渡船的模型。

3

中國鐵道的蒸汽機車

Steam
Locomotive

晨光照耀下，大連現代博物館，中國上游型蒸汽機車，銅環被照得閃閃發亮！

3-1 認識中國鐵道的蒸汽機車

　　認識中國鐵道的蒸汽機車，這是一個艱深的單元議題。它的歷史文獻不少，與中國鐵道的歷史發展息息相關，這個議題的內容龐大，甚至可以單獨寫一本書。所以，為了能夠認識這個章節的內容，請容我娓娓道來，述古論今。

　　1876年，積弱不振的清朝時代，英國的商人興建上海到吳淞間，窄軌762mm軌距的吳淞鐵路，全長約14.5公里，無疑的這是中國第一條鐵路，然而1877因為輿情反對而遭到拆除。當時的蒸汽機車Pioneer先驅者號，火車頭也不知去向，但是Pioneer，堪稱是中國鐵道史上第一部蒸汽機車。

　　1881年，在吳淞鐵路停駛多年之後，在英國顧問的指導之下，中國興建從唐山到胥各莊10公里的鐵路通車，也奠定中國鐵道為標準軌距1435mm的基礎，這一次的營運，就沒有重蹈拆除的覆轍，中國的唐胥鐵路誕生，有別於先前窄軌的淞滬鐵路，而列入正史。當時的中國火箭號蒸汽機車Rocket of China，雖然其真正的歷史影像，依然撲朔迷離，然而，它還是大家所熟知的蒸汽火車先驅。

　　1905年，隨著日俄戰爭結束，1906年南滿州鐵道株式會社成立，整個中國的東北鐵道建設，從俄國轉落日本的手中。日本以標準軌距建設東北地區，並修改中東鐵路南支線，長春至旅順的軌距，使其標準軌化。此時「滿州鉄道の蒸氣機開車規則」，無疑地也開啟了中國蒸汽機車編號規則的歷史，並對後來影響極深，這套作業規則，一直到1949年解放，新中國誕生才告一段落。

　　1909年，由中國鐵道之父詹天佑負責興建，北京到張家口201公里的鐵路營運通車，這是第一條由中國人自行設計完成的鐵路，也是中國第一條山岳鐵路，中國引進當時世界稀有的Shay與先進的Mallet蒸汽機車，與當時全球登山鐵道的科技並駕齊驅。

中國蒸汽機車躍登國際舞台。左側是中國KF聯盟型蒸汽機車，在英國約克鐵道博物館被保存展示，右側是世界最快的A4型蒸汽機車。

中國北京鐵道博物館保存的毛澤東號與朱德號蒸汽機車，皆源自東北滿州鐵道時期的火車。

這項鐵路的完成，成為當時中國鐵道的成就與驕傲。

1911年，中國第一條長途的城際鐵路，京奉鐵路（北京至瀋陽）通車。次年1912年，國父孫中山先生創建中華民國，然而，此時的中國由於內戰不斷，依然陷入兵馬倥傯，烽火滿天的動亂中，此時的蒸汽機車皆是進口，但是數目不多，運能有限。此時國庫告窮，再加上不平等條約的束縛，鐵道建設，殊屬不易。

1931年東北爆發918事變，日本人稱之為滿州事變，日軍藉口攻擊瀋陽並取得整個東北，並扶持偽政權滿州國。此時中國東北的鐵道建設，因為軍事擴張而加快，沿襲滿鐵時代的建設基礎，許多蒸汽機車也急遽成長。最有名的故事，莫過於當時亞洲速度最快的蒸汽火車亞細亞號，成為世界鐵道史上的一頁傳奇。

1937年蘆溝橋事變，日本侵華戰爭正式爆發，日本為提高運輸的效率，也引進該國的蒸汽機車，改變軌距來到中國佔領地行駛，因此之故，中國、台灣、日本而有相同型式的蒸汽機車。而日本C12型與9600型蒸汽機車，都是海峽兩岸中國與台灣使用的蒸汽機車，成為中日台三地共同的歷史瑰寶。直到1945年戰爭結束後，包含東北的滿州鐵道在內，這些蒸汽機車被留在中國。

1945年，日本戰敗，1949年，新中國誕生，中國鐵道進入穩定建設的新時代，1952年，中國鐵道部四方機車車輛廠，第一部國產解放型機車的誕生，也是新中國自製蒸汽

中國火箭號蒸汽機車Rocket of China的實體模型。

機車的開始。由於蒸汽機車的帶有國家建設引領前進的意涵，於是出現毛澤東號與朱德號蒸汽機車，成為當時中國工業建設的精神指標。

1959年新中國建立一套新的編號規則，而且有能力自製蒸汽機車，這些帶有著強烈的民族意識的蒸汽火車，例如建設型，躍進型，勝利型，人民型，解放型，上游型等等，逐漸躍上國際的舞台。此時，1980年代，中國不僅有能力出口蒸汽機車到其他國家，甚至將過去的蒸汽機車，送到大英博物館展示，中國KF聯盟型蒸汽機車，就是一個實例。

1990年以後，全球逐步淘汰蒸汽機車之際，中國鐵道仍繼續使用蒸汽機車，尤其是中國的前進型蒸汽機車，車軸最多數目高達五個，登山時產生強大的牽引力！翻山越嶺的大煙，令外國人震懾不已。許多外國人紛紛到中國拍攝鐵道蒸汽之煙，直到2006年陸續停用之後，才逐漸平息。儘管如此，仍有不少數目的蒸汽機車被靜態保存保存於各地，或是留在當地工廠，只是因應活動不定期行駛。

此外，中國鐵道的蒸汽機車，除了上述1435mm標準軌距以外，也有三種類型的窄軌鐵路蒸汽機車，也是不可忽略的重點。

過去在山西與雲南，有米軌1000mm的路線，例如從昆明到河口，知名的滇越鐵路，即是其中一例。過去東北的森林鐵道，河南的地方鐵路，以及四川的地方鐵路等等，是762mm軌距，而工礦專用的C2型蒸汽機車，更是赫赫有名。少數地方鐵道，如雲南的個碧石鐵路等，有600mm的輕便鐵道蒸汽機車。只是如今這些蒸汽機車，多數已

中國的蒸汽機車，車軸最多數目高達五個，產生強大的牽引力！

經淘汰。

　　時至今日，中國蒸汽機車多數已經停用，成為鐵道博物館的一頁歷史，然而中國仍有若干蒸汽機車，是定期行駛動態保存，成為觀光鐵道的主角。在1435mm軌距體系，遼寧省調兵山市，鐵法煤業的專用線，仍有幾部蒸汽機車以觀光旅遊名義在行駛，而在窄軌762mm軌距體系，則以四川芭石鐵路C2型蒸汽小火車，最負盛名。而這兩地的蒸汽機車，堪稱是中國鐵道最後蒸汽機車的保存天堂。

日本C12型蒸汽機車，是海峽兩岸中國與台灣都曾使用的蒸汽機車。

中國目前仍有少數蒸汽機車動態保存，以四川芭石鐵路小火車最負盛名。

3-2 中國鐵道蒸汽機車的編號規則

談到中國鐵道蒸汽機車的編號規則，十分地複雜，它跟兩場戰爭的歷史有絕對的關係。第一是1904年發生在中國東北的日俄戰爭，第二是1949年的中國內戰（解放戰爭），這兩個戰爭產生時代的區隔點，創造了兩套截然不同的編號規則。

清朝時代的中國鐵道，還在起步萌芽的階段，無可否認地，隨著日俄戰爭結束，1906年起東北地區南滿州鐵道的建設，對二十世紀初中國鐵道現代化影響至深。日俄戰爭結束之後，日本修建旅順到長春的南滿洲鐵道，1435mm標準軌，後來也將連接西伯利亞的鐵路，滿州里至綏芬河的中東鐵路改軌，隨著鐵道建設與開通，蒸汽機車愈來愈多，日本編號蒸汽機車，也引進國際化的標準作業程序。

當時日本依據蒸汽機車的車軸配置SL wheel arrangements，參考國際標準「華氏式別」Whyte-Notation（UIC-System），創造了一套以英文，日文，中文皆通的編號規則，後面就加上日文的數字編號，例如，Pacific 7 - パシナ - 太平洋7型，若是太平洋6型則加上ロ，變成パシロ，依此類推，「滿州鉄道の蒸氣機開車規則」如下表所示。一般而言，這個時期東北的鐵道，包含1931年以後的滿州國成立，到日本戰敗結束，從1906年到1945年這四十年，稱呼為「滿鐵」時代。

1912年隨著清朝退位，中華民國誕生。但是此時的中國，依然戰爭不斷，中國鐵道的建設陸續在進行，卻也沒有足夠的蒸汽機車資源，重建一套標號規則。在1945年抗戰勝利二次大戰結束之後，1947年中華民國政府交通部一樣依照Whyte-Notation，考慮到教育普及問題，當時以注音符號為蒸汽機車命名規則。

這段短暫的期間，曾經以注音符號，代替滿鐵編號規則。例如美國型AM，亞美利堅American，注音為ㄚㄇ；而十輪型TH，Ten-Wheeler，注音為ㄊㄏ，而太平洋

表一　1949年以前中國鐵道蒸汽機車的編號規則表

英文代號	中文名稱	日文記號	日文名稱	英文名稱	車輪配置
AM	美國	アメ	アメリカン	American	4-4-0（2B）
DB	雙端	ダブ	ダブルエンダー	Double-ender	4-4-4（2B2）
XK	六輪	シカ	シックスホイールカップルド	Six wheel coupled	0-6-0（C）
FN	佛內	ホネ	ホネイ	Fornev	0-6-2（C1）
MG	摩巨	モガ	モーガル	Mogul	2-6-0（1C）
PL	草原	プレ	プレーリー	Prairie	2-6-2（1C1）
DB	雙端	ダブ	ダブルエンダー	Double-ender(Adriatic)	2-6-4（1C2）
TH	十輪	テホ	テンホイーラー	Ten-Wheeler	4-6-0（2C）
PX	太平洋	パシ	パシフィック	Pacific	4-6-2（2C1）
ET	八輪	エト	エイトホイールカップルド	Eight wheel coupled	0-8-0（D）
KD	鞏固	ソリ	コンソリデーション	Consolidation	2-8-0（1D）
MA	天皇	ミカ	ミカド	Mikado	2-8-2（1D1）
MT	過山	マテ	マウンテン	Mountain	4-8-2（2D1）
DK	德加寶	デカ	デカポット	Decapod	2-10-0（1E）
ST	聖塔菲	サタ	サンタフェ	Santa Fe	2-10-2（1E1）

◎ 1949年以後，PX太平洋型改為SL勝利型，MA天皇型改成JF解放型。

型PX，Pacific，取自滿鐵命名パシ型，注音為ㄆㄒ，但是編號規則皆與滿鐵相同。然而，因為當時局勢並未穩定，全國尚未統一適用此一編號規則。

因此，這套滿鐵時代的編號規則，還是一直沿用到1949年為止，一般通稱1949年以前的編號規則。如表一所示。

從1949年解放之後的中國，無可否認地，中國鐵道進入全面建設的大時代。無可厚非的，南滿州鐵道對於中國鐵道的蒸汽機車發展影響極大。當時，許多堪用的蒸汽機車，多數是源自滿鐵時代。但是隨著時代的進步，中國也從俄羅斯，羅馬尼亞，美國等國家進口蒸汽機車，滿鐵時代的蒸汽機車也逐步被淘汰，中國甚至開始仿製外國，大量生產，發展出自己特色的蒸汽機車。一般而言，把這個時期的鐵道建設，稱呼為「新中國」時代。中國鐵道部創造出一個新的Logo，就是一個蒸汽火車頭，除了鐵軌的斷面之外，裡面也代表著社會主義的基礎，勞動的「工人」最大。

於是，從1951年起，新中國時代的鐵道，先沿用1947年中華民國的編號規則，要

原本滿鐵時代的Pacificパシ，1949年解放之後被改為解放型。例如本圖這部滿洲里號，被編為解放1型（JF1-1861）蒸汽機車。

這款毛澤東號蒸汽機車模型，解放1型蒸汽機車，車軸配置為2-8-2。

去掉日文，先用注音符號代替。後來1959年起，新中國開始創造一套屬於自己的蒸汽機車編號規則，不要注音符號，改用漢

表二　1959年以後中國鐵道蒸汽機車的編號規則表

英文代號	中文名稱	英文名稱	車輪配置	備註
GJ	工建	Six wheel coupled	0-6-0（C）	外國進口的調度機車
YJ	躍進	Prairie	2-6-2（1C1）	中國自產的調度機車
SL	勝利	Pacific	4-6-2（2C1）	滿州國時代舊車居多
RM	人民	Pacific	4-6-2（2C1）	中國自產 改進自勝利型
ET	八輪	Eight wheel coupled	0-8-0（D）	外國進口的調度機車
KD	鞏固	Consolidation	2-8-0（1D）	1949年以前舊車居多
JF	解放	Mikado	2-8-2（1D1）	滿州國時代的舊車居多
JS	建設	Mikado	2-8-2（1D1）	中國自產 改進自解放型
SY	上游	Mikado	2-8-2（1D1）	中國自產 改進自解放型
KF	聯盟	Confederation	4-8-4（2D2）	英國進口 戰後修復使用
DK	德加寶	Decapod	2-10-0（1E）	外國進口為主
FD	反修	Santa Fe	2-10-2（1E1）	俄羅斯進口為主
YH	友好	Santa Fe	2-10-2（1E1）	俄羅斯進口為主
QJ	前進	Santa Fe	2-10-2（1E1）	中國自產 改進自FD型
ML	馬萊式	Mallet	0-6-6-0　2-4-4-2　2-8-8-2	詹天佑時代所使用的登山用蒸汽機車
RA	齒輪式	Shay	0-4-4-0	詹天佑時代所使用的登山用蒸汽機車

這款台灣2-6-0蒸汽機車，中國稱為MG摩巨型，源自Mogul，台鐵稱為CT150型。（台灣苗栗）

語拼音命名，就是用英文字母與中文結合。而蒸汽火車的命名，有著強烈的民族意識與國族情操，例如躍進，勝利，人民，前進，上游，解放，建設等等，如表二所示。一般我們通稱1959年以後的編號規則。

我們仔細觀察這兩張表格中間較大的變化，首先在1959年以後，PF太平洋型改為SL勝利型，MA天皇型改成JF解放型。不難理解，必須強調1945年對日抗戰的勝利，也強調1949年解放戰爭的勝利。尤其在1949年解放之後，當時解放型蒸汽機車是保存數目最多的，其次是天皇型，命名真的是非改不可。這些英文記號，除了躍進YJ，勝利SL，上游SY，人民RM，解放JF，建設JS為中文拼音之外，其他記號則是從英文學名的拼音所演繹出來。

這款日本0-6-0蒸汽機車，中國稱為XK六輪型，源自Six wheel。（日本北海道）

此外，在第二張表格中，我們看到清朝末年詹天佑時代所使用，一些非常特殊，例如ML，RA等等登山用蒸汽機車被納編進來。的確，在中國鐵道史上，詹天佑貢獻非常地大，創造一個鐵道科技先進的新局面，他的登山蒸汽機車功率非常地大。這也代表中國鐵道的歷史，也有完全獨立的科技史頁，絕非日本滿鐵時代所能完全涵蓋的。因此，這也是本書在研究中國蒸汽機車分類，除了1949年以前滿鐵時代，1949年新中國時代，詹天佑的時代必須獨立一個單元之故。

不過，隨著時代的進步，鐵道動力柴油化，電氣化的腳步逐漸發展，蒸汽機車面臨著淘汰的命運。許多車軸數較少的蒸汽機車，被當成調車使用，然後淘汰消失，甚至連編號都沒有。除了早年的中國龍號之外，例如我在德國看到這款

德國0-4-0蒸汽機車，曾用於1909年京張鐵路，也類似台鐵的騰雲號，由於很早就消失，所以並沒有加以編號。（德國柏林）

0-4-0蒸汽機車，曾經用於1909年的京張鐵路，也類似台灣的騰雲號，由於很早就消失，所以並沒有納入編號體系。

此外，整個新中國鐵道，除了保留雲南的昆河鐵路1000mm軌距之外，全面統一為1435mm標準軌距，其他窄軌體系納入編號體系的蒸汽火車，真的很少。當然，台灣鐵路是窄軌1067mm軌距體系，對應到新中國鐵道的編號規則，兩岸的鴻溝差距很大。在台灣鐵路這邊，我的《台灣鐵路蒸汽火

日本 C12型蒸汽機車，是海峽兩岸中國與台灣都曾使用的蒸汽機車。

中國鐵道道部的Logo，就是一個蒸汽火車頭。鐵軌的斷面之外，也可以看到「工人」兩個字。

車》一書，已經將編號規則說明清楚，不再贅述，兩岸蒸汽機車編號規則的名詞對應比較表，如下表三所示。

表三　中國與台灣鐵道的蒸汽機車編號規則比較表

中國代號	中國名稱	英文名稱	車輪配置	台灣鐵路管理局蒸汽火車名稱
AM	美國	American	4-4-0（2B）	BT40型
FN	佛內	Forney	0-6-2（C1）	CK80型
MG	摩巨	Mogul	2-6-0（1C）	CT150型　CT230型
YJ	躍進	Prairie	2-6-2（1C1）	CK50型　CK100型　CK120型
SL	勝利	Pacific	4-6-2（2C1）	CT240型　CT250型　CT270型
RM	人民	Pacific	4-6-2（2C1）	CT240型　CT250型　CT270型
ET	八輪	Eight wheel coupled	0-8-0（D）	DK500型
KD	鞏固	Consolidation	2-8-0（1D）	DT580型
JF	解放	Mikado	2-8-2（1D1）	DT650型
JS	建設	Mikado	2-8-2（1D1）	DT650型
SY	上游	Mikado	2-8-2（1D1）	DT650型

如今二十一世紀，隨著海峽兩岸的情勢轉變，從敵對變成交流，也隨著時代的進步，蒸汽火車從戰爭時代，鐵道即國防的運輸工具，逐步變成了文化資產。

如同本單元表二與表三的名稱所見，在幾十年前1970年代，那個中國要解放台灣，台灣要光復大陸的戒嚴時代，這是陸軍鐵道兵作業與情報單位的機密，是不能公開

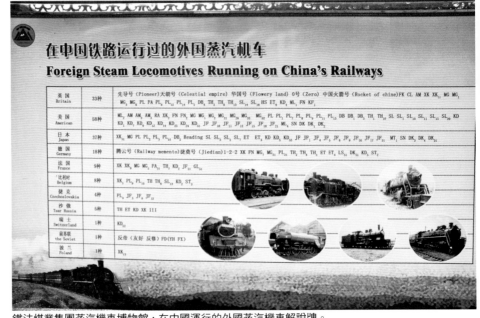

鐵法煤業集團蒸汽機車博物館，在中國運行的外國蒸汽機車解說牌。

的資料。如今兩岸學術交流頻繁，鐵道歷史也逐漸透明，蒸汽機車早已經不再神秘，而是帶給人們記憶與歡樂，甚至變成了觀光娛樂的工具。

今日的台灣，從依賴蒸汽機車，停用蒸汽機車到復駛蒸汽機車，成為觀光列車，對岸的中國，也走過一模一樣的道路。我們從遼寧省的調兵山市，大青鐵法煤業集團蒸汽機車博物館，蒸汽機車文化長廊所展示的內容，在中國運行的外國蒸汽機車，就可以知道中國蒸汽機車的編號規則，與進口輸入體系，究竟有多麼龐大！

3-3 中國、台灣與日本的蒸汽機車之比較

談到中國、台灣與日本三地蒸汽機車的關聯比較，這是一個很沉重的歷史話題，事涉敏感，卻也不能忽略。在二次大戰結束七十年（1945～2015）的現在，我們心平氣和，抽絲剝繭來回顧這個議題，顯得格外有意義。

就軌距而言，中國鐵道主要鐵道的路網，是以1435mm軌距為主，與歐洲大陸相同，而台灣與日本都是以1067mm為主。儘管日本後來有了新幹線，台灣有了捷運與高鐵，都是標準軌距1435mm，不過占整體鐵道路網的比例較低，台灣鐵路與日本鐵路的地理環境比較接近，這是不爭的事實。不過，中國、台灣與日本都有762mm軌距的窄軌鐵路，用於工礦森林等產業鐵路，這是三地難得共通的地方。

在中國、台灣與日本三地的蒸汽火車，有某些火車是橫跨兩地甚至是三地的，這個議題多數人未必了解清楚，卻也大半與戰爭有關，更是歷史的沉重。

在兩國相同的蒸汽火車方面，中國、台灣兩地，都有引進美國Shay直立式汽缸蒸汽機車，前者是在詹天佑時期興建京綏鐵路，後者是河合鈰太郎修建阿里山鐵路。兩條都是大坡度的登山鐵路，都是在1910年代，所引進的登山用蒸汽機車。此時海峽兩岸兩邊都有之字形登山鐵路，這是歷史的巧合，也是英雄所見略同。我在『環遊世界鐵道之旅』一書的第二章中即曾經提過，不再贅述。

然而，日本與中國相同的蒸汽機車，是在1937年侵華戰爭之後，日本運送到佔領地運輸使用，主要有C51型、D50型與9050型三種。不過，因為軌距不同，日本運送到中國使用，必須從1067mm改成1435mm標準軌距，而9050型蒸汽機車，則是送到山西華北交通，從1067mm改成1000mm標準軌距。隨著二次大戰結束，蒸汽火車被留在當地，C51型變成了勝利9型，D50型變成解放16型，9050型變成KD-51型，繼續使用到淘汰為止。這樣的故事，也在歐洲大陸發生，二次大戰時期，德國橫掃歐洲留下許多優秀的BR52型，在東歐許多國家還可以找到，而且有俄羅斯寬軌版1524mm版本。

中國鐵道台灣鐵道與日本鐵道的蒸汽機車的關聯比較表

單　元	中國鐵道	台灣鐵道(台鐵)	日本鐵道(國鐵)
鐵道元年	1876年（1881年）	1887年（1891年）	1872年
主要軌距	1435mm	1067mm	1067mm
次要軌距	1000mm　762mm	1435mm　762mm	1435mm　762mm
二國共通的火車	京綏鐵路Shay	阿里山鐵路Shay	―
二國共通的火車	JF-9型	―	C51型
二國共通的火車	JF-16型	―	D50型
二國共通的火車	KD-51型	―	9050型
三國共通的火車	山西同蒲鐵路MG52型	鐵道部100型	2850型
三國共通的火車	KD-5型　KD-55型	台鐵DT580型	9600型
三國共通的火車	華北交通PL-51型	台鐵CK120型	C12型
輾轉三地的火車	日俄戰爭時東北地區	鐵道部120型	9200型軍事出口中國
輾轉三地的火車	日俄戰爭時東北地區	戰後編為CK80型	B6型軍事出口中國
輾轉三地的火車	二戰時期海南島地區	戰後編為CT230型	C50型軍事出口中國
自製能力	很高	幾無	很高
出口能力	不錯	無	不錯

台灣的DT580型蒸汽機車（1067mm），與中國的KD5型（1435mm），以及KD55型（1000mm）相同，只是軌距不同。

日本與中國、台灣三地相同的蒸汽火車，這是非常有趣的議題。日本國鐵的9600型，C12型，以及鐵道部2850型，成為台灣鐵路的DT580型，CK120型，以及在日治時期，台灣總督府鐵道部的100號。卻也在歷史諸多巧合的因緣下，9600型成了中國KD5型（1435mm軌距），KD55型（1000mm軌距）。1938年起在侵華戰爭時期，C12型成了華北交通PL-51型，2850型成了山西同蒲鐵路MG52型，這兩款都是的窄軌蒸汽機車，1000mm軌距。

最有趣的是，日本與中國、台灣三地相同的蒸汽火車，如今全部都還健在。9600型蒸汽機車已經

中國的KD55型蒸汽機車（上圖），與台灣的DT580型都源自日本9600型蒸汽機車。

復駛，49671號在日本真岡鐵道，也是台灣鐵路的DT580型，DT609還有一部在高雄打狗鐵道故事館。至於CK120型，日本有兩部復駛，這是台灣很熟悉的火車，同型車台鐵CK124已經復駛。就連十分稀有的日本2850型機車，台灣總督府鐵道部100號機車，最後一部變成西武鐵道7號蒸汽機車，如今依然保存於東京都內。本書後面的單元，會有詳細的描述。

然而，我想在那個戰爭的大時代中，故事最為曲折離

日本9600型蒸汽機車動態保存復駛，49671號在真岡鐵道。

日本海軍C50型曾經送到海南島，是侵華戰爭的運輸工具，後來轉送台灣。

日本C51型曾用於侵華戰爭華中地區，二次大戰結束之後，變成了勝利9型。

奇的，應該是隨著戰火輾轉三地的火車，日本的B6型、9200型與C50型蒸汽機車。

日本B6型蒸汽機車，是在1904年日俄戰爭之後，被送到中國東北的戰區使用，當戰爭結束之後，鐵道改成1435mm標準軌距而停用。隨著大連成為日本的占領地，1908年至1911年，十一部火車就從大連港轉送到台灣基隆港，剛好趕上台灣鐵路縱貫線通車的年代，繼續奔馳於山線的大坡度路段，1945年戰後，國民政府時期編為CK80型，直到退役為止。至於9200型則是三十部送到中國東北的滿鐵，三部送到台灣鐵道，成為總督府鐵道部120型，但是並沒有留存到戰後即被淘汰。

而C50型是日本海軍送到海南島，成為侵華戰爭的運輸工具，隨著戰事吃緊，海權盡失，五部C50型恐怕回不了日本本土，只好轉送台灣，1945年戰爭結束之後，成為國民政府時期稀有的CT230型，最後淘汰，拆除消失。今日B6型、C50型兩款蒸汽機車，日本都還保存著，可惜，台灣卻是一部都不剩。

因為戰爭，
火車不只是火車，
變成了火戰車，
成為戰爭的運輸工具，
因為戰爭，
火車成了戰火的鐵蹄，
就這樣一腳踩進歷史，
成為烙印，
人會老去，
火車也會淘汰凋零死去，
然而那一頁歷史，
卻不能忘記。

3-4 清代古老的0號與中國火箭號蒸汽機車

　　本書從這個章節開始，開始介紹中國鐵道史上的蒸汽機車，依據前面中國鐵道蒸汽機車的編號規則，並依照國際慣例來排列：依車軸配置，第一以動輪的數目少的為優先，第二以總車軸數（導輪+動輪+從輪）少的為優先，也就是0-4-0，4-4-0，0-6-0，往下以此類推。車軸配置後面沒有加上T，代表附掛有一節煤水車（Tender），如果車軸配置有加上T，代表機車本身附帶水櫃（Tank）。詳細請參閱P.236的火車的車軸配置符號。

　　此外，1949年以前所遺留下來的蒸汽機車，都已經報廢進入博物館，如果來源有很多種，本章節附有蒸汽機車的來源表。1949年以後新中國鐵道所量產的蒸汽機車，本章節則附有該種蒸汽機車性能表。

　　中國現今保存最古老的蒸汽機車，是清代的0號機車。這一部蒸汽機車是在1881年，中國第一條正式營運的鐵路，唐胥鐵路通車以後，1882年由英國所購進，車軸配置為0-4-0T，依據1882年英國領事商務報告，當時共有兩台，如今只保存一部，在中國北京鐵道博物館，也是中國目前保存最古老的火車。

　　儘管如此，0號蒸汽機車，並非當時唐胥鐵路的第一部蒸汽機車。

　　依據中國近代鐵路史的史料記載，時任中國鐵道顧問的英國人金達C.W.Kinder，利用礦場的鍋爐設備，拼湊出中國第一部蒸汽機車，奇形怪狀，無駕駛室，非正統蒸汽機車的樣貌。1881年6月9日，英國

中國現今保存最古老的蒸汽機車，清代的0號，中國北京鐵道博物館。

總工程司薄內氏（R.R.Burnett）之妻，以英國第一部蒸汽機車Rocket為名，命名稱之為中國火箭號Rocket of China。當然，6月9日剛好是史蒂芬生的生日，也順理成章成為中國與台灣共通的鐵路節。

　　不過，當時中國火箭號蒸汽機車，並沒有被保留下來，只有老照片，1937年後失蹤，而且留下諸多疑點。最大疑點

中國火箭號蒸汽機車，模糊的歷史影像。
（資料來源：賈本義）

依據考證，這才是中國真正的第一部蒸汽機車。
（資料來源：賈本義）

鐵法煤業蒸汽機車博物館，復刻的中國火箭號蒸汽機車模型。

是現在中國火箭號的照片，車軸配置是2-4-0T，並非史料上所寫的0-4-0T，而且完全看不出礦場鍋爐改造的奇形怪狀。至於上面還有一條清代黃銅鑴刻的五爪飛龍，故又稱為龍號蒸汽機車，很明顯的，有被刻意美化過的痕跡。因此，老照片中的龍號火車，應該是後來才製造的火車才對。

那麼，真正的中國火箭號Rocket of China，究竟是何種長相呢？

其實，早在1998年，閻存盛所發表的論文，已經揭開這個歷史謎底。他依據礦場鍋爐的蒸汽機原貌，並找到當時的火車老照片，兩者加以對照，還原了中國第一部蒸汽機車的真相，如上圖所示。果然，當時真是以有限的經費，用報廢鍋爐所拼湊而成，能夠行駛就好，只可惜，如今該火車已經不在。在後來中國鐵道博物館副館長賈本義所寫的書，『中國早期鐵路的那些人和事』，也證實了個論點。所以，現在保存的0號機車與傳說中的龍號機車，皆非中國最古老的蒸汽機車。

如今中國火箭號蒸汽機車已經不在，只有在鐵法煤業蒸汽機車博物館，有一部依據老照片，復刻的中國火箭號蒸汽機車模型，然而製作並不精細。雖然歷史的原貌，總是撲朔迷離，透過後代的研究來還原真實，然而，這些古早的火車影像，依然成為中國的第一代的蒸汽火車先驅。

3-5 AM美國型4-4-0蒸汽機車

在清朝的末期，當時有一條重要的京奉鐵路，是中國鐵路長途客貨運的開始。1881年，中國第一條正式營運的鐵路，唐胥鐵路（唐山到胥各庄）通車，後來該鐵路南端及北端終點，分別延伸至天津和山海關。1894年，津蘆鐵路（天津－北京盧溝橋）修建完成，並逐漸延長，終於在1911年8月，從北京城的前門站修建到奉天城（今日瀋陽），歷史上稱之為「京奉鐵路」。

1912年，中華民國誕生後，京奉鐵路改稱為北寧鐵路，1914年連到哈爾濱，成了「京哈鐵路」。也因為連到哈爾濱，北京與連接西伯利亞，通往莫斯科的中東鐵路正式接軌，中國鐵道的城際客運，在此揭開歷史的序幕。

如今，北寧鐵路的火車歷史影像不多，如今僅存一部46號，當時美國型蒸汽機車American type，1897年製造，車軸配置為4-4-0，最高時速可以達到70公里，這是中國最早的客運用蒸汽機車，可惜並未保留下來，實在可惜。

其實，美國型蒸汽機車的特徵就是兩個大動輪，前面還有兩對導輪，速度快是他的特徵，但是牽引力較差，是十九世紀常見的客運用蒸汽火車。尤其是十九世紀鐵路接軌，兩部蒸汽機車迎面靠近，敲下最後一根

日本鐵道省5540型蒸汽機車，車軸配置亦為4-4-0，東京青梅鐵道公園。

釘的畫面，在許多美國西部電影中經常可以看見。包含日本鐵道省5540型蒸汽機車，台鐵的BT40型，亦為車軸配置4-4-0的美國型機車，我們從其他國家相同車軸配置型式的火車，逐步還原鐵道歷史的原貌。

昔日北寧鐵路的美國型蒸汽機車，1897年製造，車軸配置為4-4-0。（資料來源：中國鐵道博物館提供）

英國也有車軸配置為4-4-0的蒸汽機車，英國約克NRM鐵道博物館。

3-6 MG摩巨型2-6-0與XK六輪型0-6-0T 蒸汽機車

MG摩巨型Mogul type蒸汽機車，車軸配置為2-6-0，相較於美國型蒸汽機車，它的「前導輪」少一對，「動輪」多一對，其牽引力較佳，但是因為動輪的直徑減少，速度下降。若是在相同的鍋爐功率輸出之下，能夠提供較佳的出力，是很好的客貨兩用機車。在二十世紀初葉，中國鐵道的草創初期，不論是當時的京奉鐵路，或是詹天佑的京張鐵路，都曾經使用過。

隨著時代進步，中國引進優秀的新型車種，MG摩巨型蒸汽機車也逐漸被淘汰。如今僅剩一部摩巨型蒸汽機車MG1-35，保存於中國北京的鐵道博物館，是英國1909年所製造，機車整體結構上，十分接近英國原始

的GER Class 527，曾經用於京奉鐵路的蒸汽機車，十分的珍貴。

從1909年起，京張鐵路使用的摩巨型蒸汽機車。
（資料來源：賈本義主編《詹天佑》）

保存於中國北京鐵道博物館，英國製的MG1-35蒸汽機車。

至於XK六輪型Six wheel coupled蒸汽機車，車軸配置為0-6-0T，是一款典型的調車用蒸汽機車，相較於前者，將前導輪省略，並裝上大型水箱（Tank），增加其機車重量，有利於調車時動輪的黏著力，也就是機車的牽引力。其中最有名的款式，莫過於美國陸軍運輸團United States Army Transportation Corps（USATC）的 S100 Class，在二戰時期大量製造使用，並使用到二戰結束以後。如今尚有一部XK13-3858蒸汽機車，時速40公里，1959年波蘭製造，保存於瀋陽鐵路陳列館。

昔日保存於工廠內的XK型蒸汽機車。（曾翔 攝）

今日保存於瀋陽鐵路陳列館的XK13-3858蒸汽機車。

3-7 PL草原型2-6-2蒸汽機車　戰後的YJ躍進型

　　對於台灣民眾而言，PL草原型蒸汽機車一點都不陌生，因為它的車軸配置2-6-2，在日本即是知名的C12型，在台灣就是大家最為熟悉的CK101與CK124，支線與調度兩用蒸汽機車。他的英文學名為Prairie，也就是草原之意。

　　PL草原型蒸汽機車，如果車軸配置2-6-2，就是附掛煤水車的版本，如果車軸配置2-6-2T，則是Tank水櫃式機車。事實上2-6-2T的實用性比較高，因為這款蒸汽機車，前後都有導輪與從輪，雙向運行十分方便，即使到了終點沒有轉車台，也可用倒退的方式牽引列車返程，在歐洲地區的地方鐵道十分常見。因此這種草原型的蒸汽機車，適用於小半徑的支線運行、場站調度，都相當地方便。

　　在中國鐵道歷史上，曾經出現PL1,PL2,PL3,PL9四種蒸汽火車，從1907-1939年所製造。目前PL草原型蒸汽機車，保存最古老的一部是PL1-220蒸汽機車，1907年美國製造，車軸配置2-6-2，是日俄戰爭結束後，南滿洲鐵道時代草創時期的貨運用蒸汽機車，最高時速55公里。由於它是滿鐵時期最古老的火車，十分地珍貴，目前保存於瀋陽鐵路陳列館，而且是所有蒸汽機車群陳列的第一部。

　　此外，中國PL草原型蒸汽機車還保存兩部，一部是PL3-51蒸汽機車，1928年日本製造，車軸配置2-6-2T，是滿鐵時代所遺留下來的，屬於調車用途，最高時速60公里。另外一部是1922年比利時製造，中國PL9-146蒸汽機車，附掛有煤水車，是昔日京漢鐵路貸款購置的火車，最高時速80公里。這兩部蒸汽機車，目前都保存於中國北京鐵道博物館。

在遼寧省調兵山市，鐵法煤業集團的蒸汽機車博物館裡面，YJ-269躍進型蒸汽機車，仍維持可動狀態。

保存於中國北京鐵道博物館的PL3-51蒸汽機車，車軸配置2-6-2T。

隨著時代進步，PL草原型蒸汽機車逐漸老化而退役，中國鐵道為了維持支線運行、工礦場站火車調度的實用需要，後來在1958年重新改良製成YJ躍進型，其車軸配置2-6-2是相同的。顧名思義，那是一個工業大躍進，拼命生產的年代，所以YJ躍進型是工業礦業專用的蒸汽機車。

然而，隨著後來鐵路柴油化的發展，蒸汽火車幾乎消失殆盡的時代，躍進型也就失去了舞台。如今在遼寧省調兵山市，鐵法煤業集團的蒸汽機車博物館，還保存最後一部躍進型YJ-269，據說仍維持可動狀態，實在是難能可貴啊！

1922年比利時製造的中國PL9-146蒸汽機車，車軸配置2-6-2，附掛煤水車，保存於中國北京鐵道博物館。

PL1-220蒸汽機車，1907年美國製造，是目前中國保存最古老的PL草原型蒸汽機車。

南滿州鐵道時代的蒸
汽機車,昔日運作中
的PL2-50,1935年製
造,如今已經除役。
(曾翔 攝)

草原型的蒸汽機車,適用
於小半徑的支線運行,這
是日本知名的C12型。

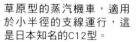

草原型的蒸汽機車,車軸
配置2-6-2T,前後都有導
輪與從輪,雙向運行十分
方便,這是英國K&W的蒸
汽機車。

3-8 DB雙端型2-6-4T蒸汽機車

談到DB雙端型Double-ender，車軸配置2-6-4T蒸汽機車，其實，這個名稱實在是一個歷史的錯誤。

依據國際（Whyte-Notation）華氏式別的分類，蒸汽機車的車軸配置2-6-4，英文的學名稱為Adriatic，或是 Anti-Pacific，也就是-Pacific太平洋式的組態方向顛倒過來。但是，當時日本的南滿州鐵道可能一時不察，給了Double-ender雙端型這個名詞，結果這個錯誤一直沿用到現在。

其實，真正的DB雙端型Double-ender，所指的是4-4-4這種車輪結構，也就是蒸汽機車兩端，都可以當車頭方向，1936年滿鐵時期曾經有過這種蒸汽火車，由川崎重工製造，後來淘汰除役。這樣的車軸配置非常地少，多半是用於十九世紀早期的蒸汽機車結構，如今幾乎已經見不到了。目前奧地利維也納科技博物館還有保存一部這種火車。

至於這種車軸配置2-6-4的蒸汽機車結構，與草原型相似，只是後方煤水櫃的容量加大，續航力提升，適用於支線運行、工礦場站調度的需要，目前中國僅存一部的DB1-28蒸汽機車，保存於瀋陽鐵路陳列館。

該部火車是屬於滿鐵創建初期，1907年美國ALCO所製造，最高時速45公里。然而，它參與過1931年918事變的軍事行動，牽引日軍裝甲列車佔領瀋陽，如今該部火車保存於瀋陽，回顧這段歷史，更教人感傷！

中國僅存的DB1-28蒸汽機車，曾經參與918事變，保存於瀋陽鐵路陳列館，車軸配置2-6-4。

這是1936年日本川崎重工製造，南滿州鐵道的DB型蒸汽機車，車軸配置4-4-4。

真正的DB型蒸汽機車史料畫面。

英國鐵道車軸配置2-6-4的蒸汽機車，英國約克NRM博物館。

真正的DB雙端型Double-ender，係指4-4-4這種車輪結構。該部火車保存於奧地利維也納科技博物館。

3-9 TH十輪型 4-6-0 蒸汽機車

英國製經典的十輪型蒸汽機車，車軸配置為4-6-0，約克NRM博物館。

談到TH十輪型，英文學名為 Ten-Wheeler，這種蒸汽機車也是屬於客運專用，相當於美國型的加長「改良版」，車軸配置為4-6-0，比美國型4-4-0，多了一對大動輪，以克服牽引力不足的問題，是很經典的英國製蒸汽機車。

這種蒸汽機車，多數是在十九世紀末葉，至二十世紀初葉所製造，後來幾乎就不再生產，1949年以後的中國鐵道分類，也沒有這款機車的專用名稱。目前中國鐵道博物館，也沒有保存這款蒸汽機車，如今回顧，只能從其他國家的鐵道博物館館藏，以及老照片中去回味了。

昔日中國津浦鐵路TH9型蒸汽機車，裝甲保護的軍用火車，1910年英國製造。（資料來源：中國鐵道博物館提供）

十分類似中國的TH9十輪型蒸汽機車，印度德里鐵道博物館。

3-10 SL勝利型4-6-2蒸汽機車
——滿鐵時代高速列車專用機車

　　1945年二次大戰結束，中國歷經多年征戰，滿目瘡痍，遺留下來的蒸汽機車，都是戰火餘生，即使堪用度不高，也是當時國家重建的資源。無可厚非的，當時滿鐵時代及後來偽滿州國，所遺留下來蒸汽火車相當多，遍佈於東北，未受戰火侵襲者，其設施也比較完整。此外，還有一部分蒸汽機車，是日本侵華佔領區，所設置的鐵道公司，引進日本的中古火車來行駛，例如華中鐵道即是。

　　1949年新中國成立之後，這批蒸汽火車，成為新中國剛開始建設十年，非常重要的鐵道與工業建設的原動力，直到1959年鐵道動力柴油化，才開始逐步退居第二線。當時遺留的蒸汽火車，是以太平洋型Pacific與天皇型Mikado火車的數目最多，新中國成立之後，1959年起，太平洋型就改成SL勝利型，天皇型火車就改成JF解放型。

　　顧名思義，太平洋型也就是Pacific，當時稱為パシ型，車軸配置為4-6-2這種結構，速度夠快，最快可以達到時速110公里，為客運專用，多數為滿鐵時代遺留的客運用機車。因為太平洋型的數目很多，而且製造國家與時間的差異，所以依序編到20型，依照パシ型後面加上日文的135等數字，如イサコ等等。例如太平洋7型，Pacific 7 - パシナ，若是太平洋6型則加上ロ，變成パシロ，依此類推。後來太平洋型改成勝利型，其表格如下所示。

　　這批勝利型蒸汽火車，在那個戰火滿天，民生物資缺乏的時代，是一頁傳奇的故事。尤其是南滿州鐵道的勝利型蒸汽火車，它的外型亮眼，高速的流線外型，蒸汽壓力高，擁有直徑2000mm輻射型大動輪，成為

SL 勝利型蒸汽機車的來源資料表

製造年代	製造國與廠家	車型	前身車型	車號範圍
1914-1922	美國ALCO	勝利1型	南滿州鐵道パシイ	20台
1934-1936	日立 汽車	勝利3型	南滿州鐵道パシサ	1～188
1927-1928	滿鐵沙河口工廠	勝利5型	南滿州鐵道パシコ	281～300
1933-1938	日立 川崎 汽車 日車 滿鐵大連廠	勝利6型	南滿州鐵道パシク與パシロ等	301～572
1956-1958	中國鐵道部青島四方機車廠	勝利6型	國產的勝利型	601～750 77
1934	川崎、滿鐵大連廠	勝利7型	南滿州鐵道パシナ	751～770
1937	日立、滿鐵大連廠	勝利8型	南滿州鐵道パシハ	801～817
1919-1928	日本(國鐵)	勝利9型	華中鐵道C51型	
1920-1925	美國Baldwin	勝利10型	南滿州鐵道パシイ	10台
1908	美國ALCO	勝利11型	南滿州鐵道パシイ	
1942-1943	日本川崎重工	勝利12型	華中鐵道パシシ	881～900
1937	比利時Cockerill	勝利13型	隴海鐵路	901～920
1933	英國NB公司	勝利14型	津浦鐵路	921～930
1921	美國ALCO	勝利15型	津浦鐵路	12台
1930	英國NB公司	勝利16型	滬寧鐵路	4台
1929	滿鐵沙河口工廠	勝利17型	四洮鐵路	4台
1921-1924	美國ALCO	勝利20型	膠濟鐵路	10台

勝利8型SL8-811，南滿州鐵道的パシハPashiha，意即Pacifics
第8型，是牽引「鴿子號」的專用機車，可達到時速120公里，
現今保存於瀋陽鐵路陳列館。

勝利3型SL3-152，南滿州鐵
道的パシサPashisa，意即
Pacifics第3型。保存於中國
北京鐵道博物館。

勝利5型SL5-292，南滿州鐵道的パ
シコPashiko，意即Pacifics第5型。
保存於瀋陽鐵路陳列館。

高速客運（日文為特急）的經典傳奇。
包含滿鐵時代的鴿子號パシハ，勝利8
型SL8-811可達到時速120公里，牽引新
京（長春）－安東（丹東）間之長距離
列車。南滿州鐵道的亞細亞號，創造亞
洲最快的火車營運速度，跑出時速130
公里，這些都是勝利型蒸汽火車所締造
的，關於那個時代的鐵道背景，下一個
單元有詳細的介紹。

　　相較之下，華中鐵道的勝利型蒸
汽機車，速度與性能，就沒南滿州鐵道
那麼亮眼，而且還是戰火時期，日本陸
軍臨時調用日本國內的中古火車，用於
中國淪陷區。而調用日本C51型蒸汽機
車，就是個典型的例子，後來變成為勝
利9型蒸汽機車。同時也因為陸軍戰爭調
用16輛的緣故，僅生產289輛的C51型蒸
汽機關車，目前日本國內保存的數目，
就變得稀少。

　　當然，也並非所有的勝利型蒸汽
機車，全部是日本所留下來的中古車，
1954年起鐵道部青島四方機車車輛廠，
以勝利6型為基礎改造，1956年試製成
功，這是國產版的勝利六型機車，從
1956年至1959年，共計生產151輛。編
號範圍為601-750、771。如今第一部國

產勝利型SL601，保存於瀋陽鐵路陳列館。後來中國以勝利6型機車為藍本，開發出客運專用，人民型高速蒸汽機車。

此外，在日本統治中國東北（偽滿州國）與朝鮮（韓國）的時代，鐵路軌距相同，自成一個體系。因此，火車通過邊境的丹東，鐵路通過鴨綠江，兩邊的火車客貨運可以相通，透過中東鐵路的中國境內段（滿洲里至綏芬河），日本當時也將朝鮮半島與西伯利亞的鐵路系統連接起來。因此，當時因為有北鮮鐵路的關係，所以勝利型的蒸汽機車，也會跑到韓國。如今還有一部勝利12型蒸汽火車，在韓國首爾鐵路博物館還可以找到。

國產SL 勝利型的蒸汽機車性能表

車輛名稱(別稱)	製造年代 (西元年)	車軸配置 UIC	營運速度 (km/h)	動輪直徑 (mm)	製造車廠	生產數目
SL6 勝利6型	1956-1959	4-6-2	110	1750	鐵道部四方機車車輛廠	20台

勝利12型SL12-890，華中鐵道的パシシPashishi，意即Pacifics第4型。保存於中國北京鐵道博物館。

勝利型蒸汽機車的車軸配置為4-6-2，並擁有輻射型大動輪的特寫。

這是1939年1月30日，華中淪陷區日本C51-116在蘇州火車站。（資料來源：維基百科日文版）

這是日本川崎製造，類似勝利12型的蒸汽機車。這是僅存的23號，1942年製，目前保存於韓國首爾鐵路博物館。

勝利9型蒸汽機車的前身，為日本C51型蒸汽機關車。本圖為昔日東京青梅鐵道公園C515。

3-11 パシナPaShiNa流線型時代
——當年亞洲速度最快的蒸汽機車

日本的新幹線在1964年誕生，開啟了全球高速鐵路的新紀元。然而，日本新幹線，並非日本有史以來最早的標準軌距鐵道，在談到日本的高速鐵道史，總會提到滿鐵時代，在三十年前，1934年日本所創造的亞細亞號高速列車傳奇。

在第二次大戰之前，1935年前後，那是一個蒸汽機車流線型，競風追速的時代，當時許多德國的蒸汽機車，都以流線型著稱。1936年5月11日德國BR05型蒸汽機車，創下200.4公里的世界紀錄，1938年7月3日，英國A4（Mallard）蒸汽機車，以時速202.8公里，改寫世界新紀錄。而當時飛行的蘇格蘭人號Flying Scotsman，從英國倫敦到愛丁堡，4472號以100mph行駛，也就是以時速160公里來營運。這也是當時人類史上以蒸汽機車，達到商用化營運的最快紀錄。

然而，這些美好的速度紀錄，並非全部屬於歐洲大陸。在當時亞洲的中國東北，偽滿州國地區，也有流線型蒸汽機車的存在。當時1934年南滿州鐵道的Pashina パシナ，意指Pacifics第7型，最大動輪直徑 2,000mm，與德國BR01型相同，也是中國史上最大的蒸汽機車動輪。鍋爐使用壓

當年亞洲速度最快，南滿州鐵道亞細亞號981號的蒸汽機車，筆者的交通博物館模型。

力高達15.5kg/cm^2，輪周功率高達2,156HP（1,585.3kW），最高營運時速為130公里，該型機車專門用於牽引亞細亞號列車（あじあ號）。創造當年亞洲速度最快的蒸汽機車傳奇。

當時Pashinaパシナ機車，由日本川崎重工製造9台，滿鐵大連沙河口車輛廠組裝3台，全部在滿州國服役。1934年3月1日，亞細亞號首次運行，新京（長春）到大連全程701.4公里，中途停車只有大石橋、鞍山、奉天、四平4個車站，創造了以7個半小時

昔日中國東北あじあ 亞細亞號特快列車。
（資料來源：維基百科日文版）

滿鐵パシナ蒸汽機車，直徑2000公釐的輻射型大動輪特寫。

車輛名稱(別稱)	製造年代(西元年)	車軸配置UIC	營運速度(km/h)	動輪直徑mm	製造車廠	生產數目
SL7 勝利7型	1934	4-6-2	130	2000	日本川崎車輛 滿鐵大連工廠	9 3

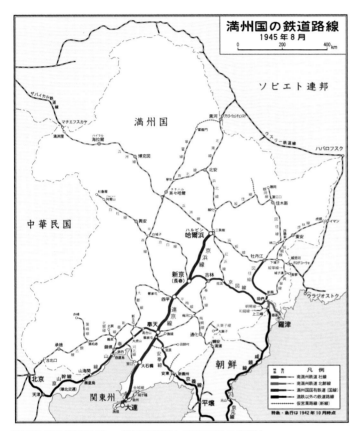

昔日滿州國鐵道地圖。（資料來源：維基百科日文版）

跑完的紀錄，平均時速高達93公里。後來亞細亞號常態營運時刻表，共有兩組列車，每日上午由新京和大連兩邊對開，完成大連至新京間的運行，所需時間為8小時30分。後來1935年9月1日，運營區間向北延伸至哈爾濱，大連至哈爾濱全長943.3公里，只需要12小時30分。

亞細亞號列車的成功，使得當時日本鐵道廣軌理論的支持者，得到很大的鼓舞。無可否認的，因為1435mm標準軌距的緣故，使得當時滿州國火車的速度，高於日本國有鐵道，窄軌1067mm體系，這是不爭的事實。於是日本在1937年蘆溝橋事變之後，發動全面的侵華戰爭，席捲朝鮮、東北、使得日本的野心更大，在大東亞共榮圈的夢想

保存於瀋陽鐵路陳列館，滿鐵パシナPaShiNa 751蒸汽機車。

保存於瀋陽鐵路陳列館，滿鐵パシナPaShiNa 757蒸汽機車。

下，1939年提出彈丸列車（だんがんれっしゃ）計畫。

當時日本計畫的彈丸列車，是興建本土的高速1435mm鐵路幹線，從東京至大阪間4小時30分，東京至下關間9小時。並從九州對馬海峽，挖掘隧道連接到韓國釜山，最後連接標準軌的朝鮮鐵路，越過鴨綠江連接丹東的滿州國鐵道，火車直通北京，甚至橫跨歐亞大陸。當然，這一切夢想，在二次大戰期間因為戰爭失利，而成為不切實際的空想，終歸幻滅。如今只保存751和757號パシナ機車，在瀋陽鐵路陳列館。

二次大戰前流線型蒸汽機車時代，德國的BR01-1078流線型蒸汽機車，筆者的交通博物館模型。

曾經創下世界最快蒸汽火車紀錄，保存於英國約克NRM鐵道博物館，英國的A4流線型蒸汽機車。

3-12 KD鞏固型 2-8-0 蒸汽機車
——情牽海峽兩岸日本三地的火車

KD鞏固型蒸汽機車，車軸配置為2-8-0，英文的學名為Consolidation。這是一種二十世紀初所發展的貨運用機車。當時南滿州鐵道編為ソリ型，1959年以後，新中國稱之為KD鞏固型蒸汽機車。

在這些KD型蒸汽機車中，有著不同的世代，然而，以KD5型最令人印象深刻，數目也最多。1937年日本侵華戰爭開始，從1938年2月至1939年4月，當時依日本陸軍要求，9600型蒸汽機車於鐵道省工廠修改為標準軌距後，送往中國戰區，數目高達251輛。其中150輛9600型蒸汽機車，給華北交通接收編為ソリホ型，其餘給華中鐵道接收編為ソリロ型。1945年二次大戰結束後，至少有80輛9600型蒸汽機車，由中華民國政府接收使用，也就是如今的KD5型。

當時9600型蒸汽機車，總共改造251輛送往中國大陸，占日本所有9600型蒸汽機車數量將近1/3。也造成支線客貨兩用煤水車型蒸汽機車不足，故從1938年起日本生產C58型蒸汽機車，以資補充。不過，9600型蒸汽機車也是台灣鐵路的DT580型，這款日本與中國、台灣三地相同的蒸汽火車，如今全部都還健在。除了中國的KD5型以外，49671號在日本真岡鐵道已經復駛，台灣還有一部DT609在高雄打狗鐵道故事館。

其次，在第二次世界大戰結束後，聯合國善後救濟總署（UNRRA）援助40輛S160型火車給中國使用，1959年之後編為KD6型，俗稱為美國鳥。KD6型的前身為美國陸軍USATC S160型蒸汽機車，於1942年至1946年間，由ALCO、Baldwin及Lima共製造2120輛。此型機車在二次大戰期間，作為歐洲戰場的鐵道貨運使用，戰爭結束後在歐洲、亞洲、南美洲、非洲等地，成為廣泛的援助使用機車。這批蒸汽火車，如今動態保

KD鞏固型蒸汽機車的來源資料表

製造年代	製造國與廠家	車型	前身車型	車號範圍
1924	不詳	KD1型	南滿州鐵道ソリイ	1～70
1925	比利時	KD2型		71～110
1910-1911	英國H3型 Beyer Peacock	KD3型	南滿州鐵道ソリイ	111～150
1926-1930	英國製GCR Class 8K型	KD4型	南滿州鐵道ソリイ	159～176
1913-1926	日本國鐵9600型	KD5型	華北交通ソリホ 華中鐵道ソリロ	201～460 共251輛
1942-1946	美國USATC S160型	KD6型	聯合國善後救濟總署UNRRA無償援助	461～500
1946-1947	美國MCCS SNCB 29型	KD7型	聯合國善後救濟總署UNRRA無償援助	501～
不詳	不詳	KD9型	不詳	761～790
1905-1913	美國ALCO、Baldwin, Altoona H6sb型	KD10型	南滿州鐵道ソリリ	791～810
1907	美國Baldwin H2型	KD11型	南滿州鐵道ソリ二	811～830
1920	美國ALCO	KD12型	華北交通ソリシ	837

（註）窄軌1000mm體系 KD55型，本書後面窄軌單元另有詳述，不再此列。

KD鞏固型蒸汽機車的來源資料表

車輛名稱(別稱)	製造年代(西元年)	車軸配置 UIC	營運速度 (km/h)	牽引力(Kgw)	製造車廠	生產數目
KD6鞏固6型	1942-1946	2-8-0	80	14290	美國ALCO、Baldwin 及Lima公司	2120
KD7鞏固7型	1946-1947	2-8-0	90	23200	美國ALCO、Baldwin 及Lima公司	160

保存於上海鐵道博物館的KD7型，KD7-641蒸汽機車。

存兩部，一部KD6-487在中國遼寧省的調兵山博物館，另一部KD6-643在英國的Churnet Valley Railway動態保存，其他的同型火車，在土耳其等歐洲國家尚可見到。

此外，另外一種KD7型蒸汽機車，他的背景與KD6型十分類似。KD7型為聯合國善後救濟總署，協助中國二戰重建所援助的蒸汽機車，稱為MCCS型，該車於1946年至1947年間，由美國ALCO、Baldwin及Lima共製造160輛，與比利時國鐵的SNCB 29型（class 29）蒸汽機車形式相同。如今這款KD7型蒸汽機車，各有一部保存於上海鐵道博物館，與北京鐵道博物館。

在這些中國KD型蒸汽機車中，不乏來自南滿州鐵道時代的老火車。例如KD3與KD4型都是英國製的火車，分別屬於英國的H3型與8K型，如今這批火車在中國本土已經不可考，但是在英國約克NRM鐵道博物

上海的KD7-641，1947年美國LIMA製的銘版。

館，仍然可以見到這些蒸汽火車。

南滿州鐵道時代的蒸汽火車，屬於美國製的機車也不少，KD10-KD12型都是美國製的蒸汽機車。而KD10型蒸汽機車，其前身為美國的H6sb型蒸汽機車，它是1905年至1913年間，由美國ALCO、Baldwin及賓夕法尼亞鐵路Altoona工廠製造，1920年代

中國鐵道的KD4型，屬於英國GCR Class 8K Class，保存於英國約克NRM鐵道博物館。

中國鐵道的KD6型，屬於美國的USATC S160 Class，也是土耳其TCDD45000型，保存於塞爾柱鐵道博物館的 45171。

進行過熱式改造後，改稱為H6sb型。1938年至1939年戰爭期間，滿州國鐵道向美國購買這30輛中古車，編為ソリサ，1959年以後編為KD10型。這一批蒸汽火車與台灣日治時期的總督府120型，頗為近似。只不過，這些火車在中國已經看不到了。

中國鐵道的KD6型保存最後一部KD6-487，在中國遼寧省的調兵山博物館，在車庫維修中，維持可動狀態。

保存於中國北京鐵道博物館的KD7型，KD-534蒸汽機車。

Box 情牽中日台三地的KD5型蒸汽火車

1 台灣的DT580型蒸汽機車，1067mm軌距。

2 日本的9600型蒸汽機車，1067mm軌距。

3 中國的KD5型蒸汽機車，1435mm軌距。

4 中日台三地共同的蒸汽火車，台灣的DT580型的型式結構圖。（張毓軒 繪）

3-13 JF 解放型 2-8-2 蒸汽機車
——解放前中國最普遍的蒸汽火車

　　談到JF解放型蒸汽機車，這是1949年解放前中國最普遍的蒸汽火車，戰後遺留的數目極為龐大，也是一款極為實用化，戰前被大量製造的蒸汽火車。

　　1945年在二次大戰結束時，當時遺留的蒸汽火車，是以太平洋型（Pacific 4-6-2）與天皇型（Mikado 2-8-2）的火車數目最多，1949年新中國成立之後，1959年起，太平洋型就改成SL勝利型，天皇型火車就改成JF解放型。前者（Pacific 4-6-2）就是台灣熟悉的台鐵CT270型，如復駛的CT273，後者（Mikado 2-8-2）就是台灣熟悉的台鐵DT650型，如復駛的DT668。

　　ＪＦ解放型蒸汽機車，車軸配置為2-8-2，不僅適用於貨運，同時也兼做客運，所以被大量生產，它的型式高達近二十

JF解放型蒸汽機車的來源資料表

製造年代	製造國與廠家	車型	前身車型或是來源	車號範圍
1919-1928	美國ALCO車廠	解放1型	南滿州鐵道ミカイ包含304（毛澤東號）	1〜500
1935-1942	日本日立 川崎日車 汽車等廠 滿鐵沙河口工廠	解放1型	滿州國國鐵線ミカイ 包含1191（朱德號）	501〜1500
1939-1945	日本日立 川崎日車 汽車等廠	解放1型	華北交通及華中鐵道 ミカイ249輛	1501〜2100
1952-1960	青島四方車輛廠	解放1型	國產的解放型455台	2101〜2500 4001〜4101
1924-1929	美國ALCO車廠 日本川崎 日車 滿鐵沙河口工廠	解放2型	南滿州鐵道ミカ二	2501〜2550
1927-1930	捷克Skoda車廠	解放3型	齊克、呼海、四洮鐵路原滿鐵ミカ二	2551〜2700
1935	日本川崎	解放4型	南滿州鐵道ミカシ	2701〜2715
1923-1928	日本川崎	解放5型	吉長鐵路的ミカコ	2801〜3000
1934-1944	日本日立 川崎 日車 汽車等廠	解放6型	南滿州鐵道ミカサ華北交通 滿州國鐵ミカロ	3001〜3600
1931	唐山機車廠組裝	解放7型	原京奉鐵路	3601〜3650
1935	捷克Skoda車廠	解放8型	原淮南鐵路	3651〜3670
1941	滿鐵沙河口工廠	解放9型	南滿州鐵道 朝鮮鐵道ミカク	3671〜3710
1942	美國ALCO Baldwin廠	解放10型	原成都鐵路局抗日戰爭時購置的 USATC S200	3711〜3740
1918-1920	美國ALCO車廠	解放11型	原津浦鐵路（華北交通ミカナ）	3741〜3770 3791〜3810
1937	美國Baldwin廠	解放11型	原浙贛鐵路	3771〜3790
1922	美國ALCO車廠	解放12型	原京綏鐵路300型（華北交通ミカナ）	3811〜3840
1939	捷克Skoda車廠	解放13型	原華北交通	3841〜3885
1928-1929	美國ALCO車廠	解放15型	原吉海鐵路	6部
1923-1931	日立 川崎 汽車 日本國鐵D50型	解放16型	華北交通日本D50193 原吉長鐵路501-516	1部 16部
1931	滿鐵沙河口工廠	解放17型	原膠濟鐵路	不詳
1914	美國ALCO車廠	解放18型	南滿州鐵道シカイ	不詳
1937	美國ALCO車廠	解放21型	原粵漢鐵路	不詳

（註）窄軌1000mm體系解放51（JF51）型，本書後面窄軌單元另有詳述，不再此列。

種，製造廠家更是橫跨歐亞美洲各地，創造出極為驚人龐大的車隊體系，如上表所示。因為他的英文學名為Mikado，在滿鐵時期，普遍以ミカ型來稱呼之，依照型式後面再加上日文的135等數字，如イサコ等等編號。如今，這一批解放型蒸汽火車，除了散落於各地區展示之外，多數典藏於中國北京鐵道博物館與瀋陽鐵路陳列館。

以下的單元，僅針對具有代表性的重要車型，逐一做介紹。

3-13-1 解放1型——滿鐵時期的代表性火車

這是解放型蒸汽機車族群中，最為龐大的族群體系。

1945年二次大戰結束時，當時南滿州鐵道及滿州國鐵體系，共有1124輛ミカイ。此外加上當時日本佔領區的華北交通、華中鐵道的同型車，總數高達1400輛以上。當時，日本戰敗以後，這些火車由中華民國政府統一接收，1959年中國編為解放1型，JF1編號從1-2100。

如今這些蒸汽火車，因為是侵略者的遺物，具有高度的抗戰勝利的指標性意義，包含今日博物館保存的毛澤東號，朱德號，以及知名的滿洲里號，都是屬於這一型火車。1949年新中國成立，中國當時在抗美援朝的戰爭中，曾經以此型火車運補朝鮮，最後被韓國軍隊與美國聯軍所擄獲，最後留在當地展示。

1952年，中國鐵道部四方機車車輛廠，開始仿製這批蒸汽火車，功率提高，這就是國產解放型機車的誕生，也是新中國自製蒸汽機車的開始。當時動員大連、四方、齊齊哈爾等廠與太原機務段進行量產，編號從2101～2500，4001～4101，總數455台。第一部國產JF1-2101，保存於中國北京鐵道博物館。

保存於中國北京鐵道博物館，也是中國國產的解放1型蒸汽機車，JF1-2121。

保存於中國北京鐵道博物館，ミカイ解放1型蒸汽機車，JF1-1191（朱德號）。

國產的JF1 解放1型的蒸汽機車性能表

車輛名稱(別稱)	製造年代(西元年)	車軸配置 UIC	營運速度 (km/h)	輪周功率KW	製造車廠	生產數目
JF1 解放1型	1952-1960	2-8-2	80	1430(1945HP)	大連 四方 齊齊哈爾 太原	455

保存於中國滿洲里國門的，ミカイ解放1型蒸汽機車，JF1-1861（滿洲里號）。

保存於中國北京鐵道博物館，第一部國產解放1型蒸汽機車，JF1-2101（國慶號）。

保存於中國北京鐵道博物館，ミカイ解放1型蒸汽機車，JF1-304（毛澤東號），車頭前方的標牌有著三面紅旗。

最新的毛澤東號，已經由傳統的蒸汽機車，改成新的電力機車HXD3D1893，三面紅旗的標牌依然不變，1893年是毛澤東的誕生年。

3-13-2 解放2型──滿鐵三汽缸型的大功率蒸汽機車

　　解放2型蒸汽機車，是從 1924至1929年，由美國ALCO車廠，包含日本川崎重工，日本車輛，滿鐵沙河口工廠所製造，共生產41部。這一批火車非常地特別，它是三汽缸型的大功率蒸汽機車，類似日本C53型那種動輪連桿結構，不過因為維修不易，實用化不足而停產。當時南滿州鐵道編為ミカニ，1959年起新中國鐵道編為2501～2550。

　　目前僅有一部JF2-2525，保存於瀋陽鐵路陳列館。

保存於瀋陽鐵路陳列館，JF2-2525解放2型蒸汽機車。

解放2型三汽缸型的大功率蒸汽機車，輻射型動輪與雙滑棒十字頭特寫。

3-13-3 解放6型──日本D51型蒸汽火車的標準軌距版

　　解放6型蒸汽機車，是從 1934至1944年，由美國ALCO車廠，包含日本川崎重工，日本車輛，汽車會社所製造。為南滿州鐵道、滿州國國鐵、華北交通的ミカサ與ミカロ型。

　　這款火車設計當時主要是實用性為主，用於輕量的貨物列車，以及車站內車輛調度等多用途。所以整體規格使用設計都比較合理，以鐵道史的角度看，等於是日本D51型蒸汽火車的標準軌版。該型火車的生產總數，高達477輛之多，在1945年戰爭結束時，戰火餘生尚有312輛。1959年起新中國鐵道編為3001～3600。

保存於中國北京鐵道博物館，JF6-3022解放6型蒸汽機車。

保存於瀋陽鐵路陳列館，JF6-3329解放6型蒸汽機車。

3-13-4 解放9型——滿州國鐵道與朝鮮鐵道共通的蒸汽火車

在1931年以後，日本統治中國東北（滿州國）與朝鮮的時代，中國東北與朝鮮的鐵路是相通的，鐵路經由中國的丹東，穿越鴨綠江鐵橋可進入韓國的新義州。因此當時朝鮮的蒸汽機車，也都是由日本帝國統一製造。

這款解放9型的前身，為南滿州鐵道、滿州國國鐵與朝鮮總督府鐵道的ミカク，由滿鐵沙河口工場於1941年製造。當時為了軍事用途，特別設計復水式蒸汽機車，在無法添加供水的情況下，火車仍可長途行駛，並通過了1600公里的無供水行駛的測試記錄。

1945年戰爭結束時，該型蒸汽火車，戰火餘生的數目很少。1959年起新中國鐵道編為3001～3600，目前只有一部JF9-3673，保存於中國北京鐵道博物館。而戰前原配屬於朝鮮鐵道的ミカク，則分別被朝鮮人民共和國（北韓），和大韓民國（南韓）所接收。目前僅有一部161號，保存於韓國首爾鐵路博物館。

保存於韓國首爾鐵路博物館，KOREA－161，也是中國解放9型蒸汽機車。

解放9型蒸汽機車的輻射型動輪，與雙滑棒十字頭特寫。

保存於中國北京鐵道博物館，JF9-3673解放9型蒸汽機車。

3-13-5 解放10型——抗戰結束後聯合國善後救濟總署的援助

解放10型為美國陸軍USATC S200型蒸汽機車，1942年當時由美國主要大廠ALCO（60部）、Baldwin（70部）及Lima（70部），此型蒸汽機車主要於第二次世界大戰，依租借法案援助英國用於中東戰場，共製造200部。1945年第二次世界大戰結束後，由聯合國善後救濟總署援助給中國、土耳其、義大利等國家。1959年起新中國鐵道編為解放10型JF-10，車號為3711-3740。

因此，除了中國的JF-10型以外，包含土耳其（TCDD 46201 Class）、義大利（FS Class 747），都有使用該型火車。如今雖然中國境內已經找不到該型火車，然而在土耳其與義大利的鐵道博物館，依然可以見到該款火車。

中國解放10型蒸汽機車，亦即是美國USATC S200型，這是土耳其TCDD 46201 Class，保存於土耳其塞爾柱鐵道博物館。

3-13-6 解放11型——中國鐵道建設購置的美國蒸汽機車

這兩款是在中國鐵道建設時期，從美國購入的蒸汽機車。

1918~1920年，由美國機車公司ALCO製造，動輪直徑為1372mm，機車及煤水車總重144.78噸，配屬於津浦鐵路。1959年以後，新中國鐵道編為解放11型，車號為3741~3770號以及3791~3810號。是屬於早年中國建設時期的蒸汽機車。此外，1937年，委託美國鮑爾溫機車Baldwin製造，與前述相同規格的2-8-2型機車，車號為3771~3790號。這時抗戰已經爆發，配屬於浙贛鐵路。

如今這兩款不同時期的美製機車，都各有一部保存於中國北京鐵道博物館。

保存於中國北京鐵道博物館，津浦鐵路JF11-3773解放11型蒸汽機車。

保存於中國北京鐵道博物館，浙贛鐵路JF11-3787解放11型蒸汽機車。

3-13-7 解放16型——日本鐵道省的D50型蒸汽機車

解放16型蒸汽機車，前身為日本鐵道省D50型蒸汽機關車。1939年由日本陸軍徵調一部D50-193，是1927年由日立製作所製造，改為標準軌距之後，交由華中鐵道，運用於滬寧鐵路（南京－上海）。戰後改稱為解放JF-16型。

中國解放16型蒸汽機車，也就是日本D50型。

此外，1923年，東北的吉長鐵路，向日本之川崎、汽車，訂購16輛日本國鐵D50型機車，改為標準軌距，當時編為吉長鐵路500型機車，編

日本D50型140號蒸汽機車，保存於京都梅小路蒸汽機車館。

號501-516。戰後這一批D50型火車，一樣改稱為解放JF-16型。如今，該型蒸汽火車在中國已經消失，日本的D50型蒸汽機車也只剩兩部，其中一部D50型140號蒸汽機車，保存於京都梅小路蒸汽機車館。

3-14 KF聯盟型 4-8-4 蒸汽機車
——從粵漢鐵路到英國約克博物館

在這麼多中國蒸汽火車的故事裡面，KF聯盟型蒸汽機車的故事，最叫我感動！
一台蒸汽火車，情牽了中華民國，中國與英國，而火車的歸處，
最後千里迢迢地來到了英國，保存於大英博物館體系的約克NRM鐵道博物館。
這中間的磨難、曲折、滄桑，又豈是筆墨可以形容？

中國鐵路KF型蒸汽機車，車軸配置為4-8-4，英文學名為Confederation，所以稱為聯盟型機車。它是世界上少有的蒸汽機車型式，它的誕生，走過戰火，重獲新生，背後有一段精彩的故事。

1933年7月，中華民國政府借用英國貸款修築粵漢鐵路，由於株韶路段必須翻越南嶺，是一段登山鐵路。坡度高達20%，曲線半徑小於250公尺，橋梁承載重量不足，路線標準相當低，鐵路線多為早期建造，軌條太細，尤其不能行駛軸重較高的機車。為了因應這個特殊環境，需要一種軸重較輕，過彎能力佳，兼具爬坡力強的蒸汽機車。

為了解決這個問題，當時由中華民國鐵道部技正應尚才設計，委託英國沃爾岡工

KF 聯盟型蒸汽機車的來源資料表

製造年	粵漢鐵路編號	原廠製造編號	戰後編號
1935年	601-616	4668-4683	KF 1-16
1935年	617-624	4696-4703	KF 17-24

這是保存於英國約克NRM鐵道博物館，中國的KF-007聯盟型蒸汽機車。

這是保存於中國北京鐵道博物館，KF1-006聯盟型蒸汽機車，全世界只有兩部，一部在中國，另一部在英國。

廠Vulcan Fondry，製造車軸配置4-8-4型蒸汽機車。該機車的特色是，導輪與從輪，皆採用雙軸轉向架，以有效降低軸重，並確保蒸汽機車可平穩通過曲線半徑較小的彎道，亦可行駛於路線標準較差之路線，亦可承載較大的火車鍋爐。一般鐵路的四軸蒸汽機

中國的KF聯盟型蒸汽機車，被送到約克NRM鐵道博物館，身上還掛了象徵中國的龍形燈籠。

車，會採用2-8-2型蒸汽機車，只有在特殊環境，才會將蒸汽機車前後端加以延長，所以4-8-4型蒸汽機車，是世界上少有的蒸汽機車型式。最初這24輛，編為粵漢鐵路600型蒸汽機車，於1935年及1936年分批交貨。

　　該型火車的鍋爐部分，採用熱效率較高之E型過熱器與複式汽門閥，並加裝自動加煤機等。蒸汽機車的鍋爐採用高強度合金鋼，鍋爐壓力達到15.5kg/cm^2。這個數值高於京張鐵路的馬萊型Mallet機車（本書後面的單元會介紹），ML2型之14kg/cm^{2}與ML4型15kg/cm^2，大幅提升了機車的功率。而機車的輪周功率達2350匹馬力，1728KW，這個數值超越南滿州鐵道的特快車，牽引亞細亞號的パシナ型機車的2,156匹馬力，僅次於京張鐵路專用的馬萊型機車，是輸出功率最極大之車種，堪稱是英國製作鐵道蒸汽機

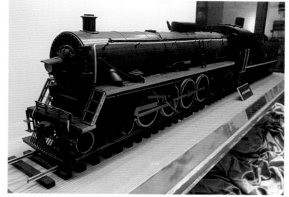

上海鐵道博物館的展示品，KF聯盟型的蒸汽機車模型。

車中的傑作。

　　1937年蘆溝橋事變，日本侵華戰爭爆發，粵漢鐵路陸續為日軍佔領，當時KF型蒸汽機車成功撤離，仍然繼續運用於中國殘餘的鐵路。然而，1944年日軍發動豫湘桂會戰，日軍佔領衡陽桂林等地，由衡陽計畫撤

KF聯盟型的蒸汽機車性能表

車輛名稱(別稱)	製造年代(西元年)	車軸配置 UIC	營運速度 (km/h)	輪周功率 (KW)	製造車廠	生產數目
KF聯盟型	1935-1936	4-8-4	85	1728	英國沃爾岡Vulcan Fondry	24

KF型蒸汽機車四個大動輪特寫，細緻的輻射型結構，纖細的連桿，沒有粗礦，只有優雅與娟秀。

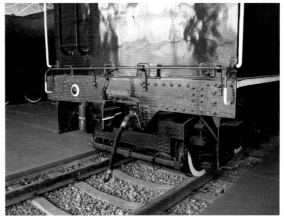

中國的KF聯盟型蒸汽機車，後端的煤水車與鉚釘特寫。

退至桂林的KF型機車，已經受困戰場，無法撤離，國軍只好忍痛於鍋爐中安裝炸藥，將KF型蒸汽機車全數炸毀，以免資敵。

1949年新中國誕生，1950年4月，中國鐵道部技術鑑定小組，距桂林北站30公里處，發現該款KF型蒸汽機車21輛，尚可勉強修復。1954年，這批火車於運抵戚墅堰鐵路工廠進行修理，使其重獲新生，並運用於滬寧鐵路。1958年2月26日，KF型蒸汽機車行駛於上海至南京間，牽引客車15輛，全程311公里，竟以3小時53分跑完，平均速度竟高達達81.6公里，大約是台北到高雄約以四小時蒸汽機車跑完的水準。這個性能數值令人震驚！完全無法想像，這是二十多年前，戰火餘生的老火車，火車鍋爐還曾經引爆過炸藥，如今重獲新生，怎不令人振奮感動！從此KF型蒸汽機車，就在上海鐵路局牽引滬杭鐵路列車，直到1976年起，才被東風型柴油機車所取代。

1956年11月，國父孫中山先生九十周年冥誕，肯尼斯‧康德黎Colonel Kenneth Cantlie出席，他即是孫中山倫敦蒙難記，當時救援的詹姆斯‧康德黎之子。他曾經於1930年代，於中華民國政府鐵道部擔任顧問，當年曾經就應尚才赴英監製KF型蒸汽機車時給予協助，另外一說，他也是KF型蒸汽機車的設計師。當時他與時任北京鐵道學院機械系主任應尚才會面，特地前往上海機務段參觀KF型機車，並親自登上駕駛室操作，非常的感動。當時康德黎返回英國國前，鄭重表達希望能夠有一台KF型機車，能夠回到NRM英國約克鐵路博物館展示。

1981年，中國鐵道部決定將退役聯盟型蒸汽機車KF-007贈送給英國，1983年從上海經海運送回英國。1983年3月30日，大英鐵路博物館NRM英國約克鐵路博物館，舉行盛大的交接儀式，為中英兩國這段鐵道故事，畫下完美的句點。而中國也保存一部KF1-006，於中國北京鐵道博物館。

2006年我第一次應邀到中國北京鐵道博物館，看到這部KF型蒸汽機車，聽完他的故事，讓我很感動。全世界只剩兩部，一部在中國，另一部在英國，讓我很想到英國一睹究竟。2008年我到了英國約克，親自目睹了KF型蒸汽機車，保存得完好如新，身上還掛了象徵中國的龍形燈籠，心情不是感動，而是激動！他的四個大動輪，細緻的輻射型結構與纖細的連桿，流著英國製蒸汽機車特有的血統，沒有粗礦，只有優雅與娟秀。我不禁撫摸他的鍋爐，曾經引爆自毀，不願資敵，令人動容！那走過戰火的傷痕，已經消失在歷史中。

3-15 ST聖塔菲型2-10-2蒸汽機車
──解放前中國最大型的蒸汽火車

在1945年以前，中國東北的滿鐵時代，那是一個以軍事貨運為主的鐵道年代，客運火車相對地少，只給重要的權貴乘坐，實際上並不普及，例如亞細亞號列車，只是做為交通進步的指標性象徵。而鐵道貨運則是營運的主題，它關係到軍事的移防，能牽引長編組重裝備的蒸汽火車，在戰爭時期，顯得格外地重要。這款車軸配置為2-10-2的蒸汽機車，便是在這樣的環境下，來到了中國的東北。

談到車軸配置為2-10-2的蒸汽機車，英文學名為Santa Fe，中國鐵道稱之為ST聖塔菲型，這是幹線貨運專用，牽引力極強的蒸汽機車。這種有五個動輪車軸，加上前後兩軸的大型蒸汽機車，在台灣鐵路是從來沒有的。但是在戰後的中國鐵道，不禁會讓人想到前蘇聯製的FD型，與中國自製的QJ前進型兩種。其實，這種超大型載重貨運的蒸汽機車，早在滿鐵時期便已經存在。

在南滿洲鐵道歷史上，1929年起便曾經引進捷克斯柯達Škodovy závody製造，車軸配置為2-10-2T的蒸汽機車。當時稱為的サタ型蒸汽機車，戰後的中國將サタ型編為ST1型。該款機車沒有煤水車，而是水櫃式蒸汽機車，機車整體構造，非常接近德國的BR95型蒸汽機車。

1931年九一八事變發生之後，偽滿州國成立，原有滿鐵的路網不停地擴張，往上可接蘇聯，往下可接朝鮮，鐵道客貨運達到前所未有的規模。這時為了牽引重載的貨物列車與軍事列車，除了引進DK型（滿鐵デカ型）蒸汽機車外，就是引進ST型（滿鐵サタ型）蒸汽機車。於是當時引進兩款歐洲製

ST聖塔菲型蒸汽機車的來源資料表

車輛名稱	製造年代	車軸配置	製造車廠
ST1型	1929年～1930年	2-10-2 T	捷克 斯柯達 Škodovy závody
ST2型	1936年～1937年	2-10-2	德國 克虜伯 Krupp
ST3型	1937年	2-10-2	比利時機車

ST聖塔菲型蒸汽機車，車軸配置為2-10-2。

造的蒸汽機車，在 1951年以後，被編為ST2型與ST3型。

而其中ST2型，便是德國非常有名，克虜伯Krupp製造的h2型蒸汽機車，其規模非常接近德國有史以來，製造過的功率最大的BR45型蒸汽機車。如今中國僅存最後的ST2-22型蒸汽機車，1936年德國製造，保存於瀋陽鐵路陳列館，十分珍貴。其實該款蒸汽機車，在戰後的土耳其曾經使用過，編為57000型。您可以找到中國的ST型的同型蒸汽機車，保存於土耳其塞爾柱鐵道博物館。

ST聖塔菲型的蒸汽機車性能表

車輛名稱(別稱)	製造年代(西元年)	車軸配置UIC	營運速度(km/h)	輪周功率(KW)	製造車廠	生產數目
ST2聖塔菲型	1936	2-10-2	65	1554	德國Krupp廠	1921

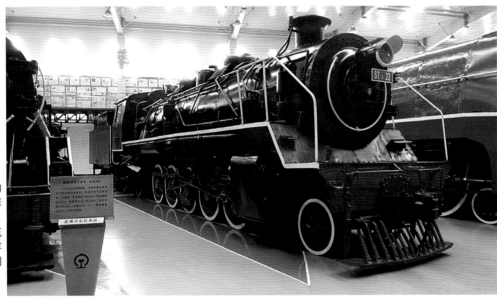

中國僅存最後的ST2-22聖塔菲型蒸汽機車，1936年德國克虜伯製造，保存於瀋陽鐵路陳列館，十分珍貴。

這輛同樣是德國Krupp所製造，類似中國的ST2型蒸汽機車，如今保存於土耳其塞爾柱鐵道博物館。

火車越長城　詹天佑與京綏鐵路的時代巨獻　標準軌1435mm軌距

3-16 ML馬萊型──關節式蒸汽機車

　　ML馬萊型（Mallet），是一種關節式動輪結構的蒸汽機車，專門用於大坡度鐵路，尤其是山岳鐵路所專用的蒸汽機車。在中國鐵道史上，共有四款馬萊型蒸汽機車，總數22部，都是用於京綏鐵路，又名平綏鐵路，台灣這邊最熟悉的名稱，就是「京張鐵路」，它也是中國鐵道工程師之父，詹天佑所修築。

　　京張鐵路是中國第一條典型的山岳鐵道。這條鐵路從北京西直門，經豐台、南口、居庸關、八達嶺、沙城至張家口，全長約201.2公里，1909年完工通車。它是第一條由中國人自行設計完成，不使用外國資金及人員的鐵路；尤其使用Z字形路線的特徵（中國稱「人」字形軌道），成為海峽兩岸皆「膾炙人口」的鐵路。

　　1904年，滿清政府要興建連接北京與關外的京張鐵路，該計畫之初，英國與俄國都想派工程師爭取主導權，最後清廷決定由中國自己興建，並指派留美歸國的詹天佑擔任總工程師，兼任京張鐵路局總辦。這條路線興建最困難的一段，是從南口至八達嶺長城一帶的「關溝段」，不僅地勢險峻，坡度亦大，英國與俄國都認為得開鑿長隧道，其難度很高，加上中國過去並無興建山岳鐵路的經驗，列強並不看好，所以當時才有建造這條鐵路的中國工程師，恐怕還沒有出世的譏諷之說。

這是最接近中國京綏鐵路20型（ML1型）的蒸汽機車，車軸配置為0-6-6-0，保存於加泰隆尼亞鐵道博物館。

清代的京綏鐵路之字形鐵路，用ML型蒸汽機車推進登山的歷史畫面。（資料來源：賈本義主編《詹天佑》）

詹天佑紀念館裡面，所陳列的之字形鐵路模型，和上圖實景對照。

詹天佑紀念館裡面，所陳列的京綏鐵路90型蒸汽機車模型。

但是，當時詹天佑並沒有被艱難的鐵路坡度所擊倒，從他親身勘察的三條選線中，選擇出建造成本最低的一條。京張鐵路上有四條隧道，其中的八達嶺隧道長1092公尺，採用豎井式挖掘；越過長城的居庸關隧道長400公尺。鐵路在八達嶺的青龍橋段，為了穿越燕山山脈的軍都山，連續22公里區段，其最大坡度仍達33.7%，以Z字形路線爬升，上行下行路線在青龍橋東、西站列車必須折返，而且必須要由兩部馬萊型蒸汽機車，一推一拉Push-Pull才能過山。

京張鐵路在1905年9月4日開工，只花四年時間，於1909年8月11日完工，由於以Z字形路線避開長隧道，施工時間比原定縮短了兩年，而且建造成本亦比原來預算節省了三十五萬兩白銀。1909年10月2日，在南口舉行了盛大的通車典禮。當時外國工程師萬萬沒想到，詹天佑會設計以Z字形路線爬升，成功地解決開鑿長隧道的難題，詹天佑的巧思，更讓這條鐵路聲名大噪。因此Z字形鐵路，還一度訛傳被冠上詹天佑的發明。

在詹天佑完成京張鐵路的前後，從1908至1921年，引進Mallet型蒸汽機車

作為幹線的機車主力，以克服八達嶺的險峻坡度。前後共有四種款式，以美國機車ALCO製造，車軸配置2-8-8-2的200型蒸汽機車，體積最為巨大，牽引力也最強！也是中國鐵道史上蒸汽機車輪周功率最高者。不過，這些蒸汽機車由於年代久遠，歷經戰火，缺乏保養，華北地區又成為日軍侵華的淪陷地，在二次大戰結束後，多數幾乎已經處於停用狀態。

在1959年以後，殘存的這批火車已不堪用，新中國鐵道依然納入編號體系，這款機車完全沒有滿鐵時代日文的影子，直接給予ML（Mallet）這個代號。只不過，狀態實在已經不理想，後來又經歷文化大革命的破壞，以至於今天沒有任何一部馬萊型蒸汽機車，被保存下來，這是中國鐵道史上令人遺憾的一頁。

如今，歷史雖然佚失，但是禮失而求諸野，透過圖面與資料的對照，如今在西班牙的加泰隆尼亞鐵道博物館，美國巴爾蒂摩B＆O

美國B&O Railway Museum所保存的馬萊型關節式蒸汽機車。

鐵道博物館正陽門館裡面，所陳列的京綏鐵路200型蒸汽機車模型。

Railway Museum，還保存若干部馬萊型蒸汽機車，與當年中國的馬萊型蒸汽機車相近。此外，在八達嶺的詹天佑紀念館裡面，也陳列之字形鐵路模型，與京綏鐵路90型蒸汽機車模型。這一切的努力，都是希望讓後代人們永遠記得，中國鐵道史上最值得驕傲的一頁，偉大的詹天佑工程師，與他的馬萊型蒸汽機車。

ST聖塔菲型蒸汽機車的來源資料表

車輛名稱	製造年代	車軸配置UIC	製造車廠	生產數目	原名
ML1型	1908年	0-6-6-0	北英機車	4	京綏鐵路20型
ML2型	1911年	2-4-4-2	鮑爾溫機車廠	4	京綏鐵路70型
ML3型	1914年	2-8-8-2	美國機車	7	京綏鐵路90型
ML4型	1921年	2-8-8-2	美國機車	7	京綏鐵路200型

京綏鐵路20型蒸汽機車。（資料來源：賈本義主編《詹天佑》）

京綏鐵路90型蒸汽機車。（資料來源：賈本義主編《詹天佑》）

京綏鐵路70型蒸汽機車。（資料來源：賈本義主編《詹天佑》）

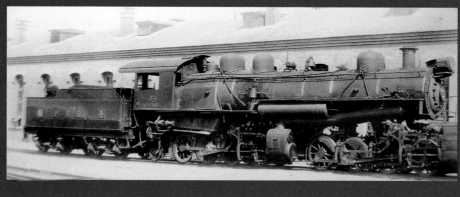

京綏鐵路200型蒸汽機車。（資料來源：賈本義主編《詹天佑》）

3-17 RA齒輪型直立式汽缸Shay式蒸汽機車

談到直立式汽缸Shay式齒輪蒸汽機車，不約而同地，就是會想到台灣的阿里山森林鐵路。它是全球極少數還動態保存Shay式蒸汽機車的地方，更是全球僅存762mm軌距Shay的鐵道。但是在台灣，多數人並不知道，中國的京張鐵路，當時也曾經使用Shay式齒輪蒸汽機車。

1909年京張鐵路通車以後，為了克服地勢險峻的「關溝段」，詹天佑從他留學美國友人得知，美國Lima有這款高爬坡力的Shay蒸汽機車，於是1909至1912年期間，自Lima公司引進三個轉向架的55公噸，屬於class C Shay，一共有六部，並且編為京綏鐵路25型。不過，後來因為該型火車速度較慢，還是回歸到以馬萊式蒸汽機車為主，後續並未繼續購進。

這批Shay蒸汽機車，形式與構造特殊，保養操作迥異，與後來淪陷區的滿鐵火車格格不入。在歷經多年戰火，1951年以後，殘存的Shay火車已經很少，新中國鐵道依然納入編號體系，代號為RA齒輪型。只不過，台灣如今還有三部阿里山鐵路Shay式齒輪蒸汽機車，十分地幸運地動態保存。中國卻因為歷經戰亂與文革，一部都沒能保留下來，這是相當大的遺憾。

清代的八達嶺隧道。（資料來源：賈本義主編《詹天佑》）

回首京張鐵路完工時，1909年，前後恰好是登山鐵路技術成熟的年代，也是日本肥薩線，與台灣阿里山鐵路施工之時。換言之，京張鐵路的施工技法與當時國際水準同步，不同的是，這是出自中國工程師詹天佑的構想，是相當難得的成就。

當時日本肥薩線鐵道也使用兩部D51蒸汽機車一推一拉上山，與中國京張鐵路用ML馬萊型蒸汽機車一推一拉上山相同。尤其中國京張鐵路與台灣阿里山鐵路，兩者都有Z字形路段，中國也引進的Shay蒸汽機車，與阿里山鐵路使用Shay蒸汽機車不謀

中國鐵道RA齒輪型機車，指的就是這種直立式汽缸Shay齒輪蒸汽機車。本圖為阿里山鐵路Shay蒸汽機車。

海峽兩岸第一條登山鐵路──
京張鐵路與台灣阿里山鐵路差異比較表

開工年	1905年	初次1906年（正式1910年）
營運時間	1909年10月完工	1912年12月完工
監造者	詹天佑（留學美國土木系）	河合鈰太郎（留學德國森林學）
使用機車	Shay Mallet	Shay
路線特徵	之字形路線（青龍橋東、西站）	之字形路線（第一、二分道）
穿越山脈	燕山山脈	阿里山山脈
軌距	1435mm	762mm
主線長度	201 km	72.8 km（阿里山到沼平）
最大坡度	33.7%	昔日66.7%（今日62.5%）

而合。

　　如今中國Shay蒸汽機車，雖然已經消失，但是在美國的Cass Scenic Railroad，以及巴爾蒂摩B&O Railway Museum，還保存相同型式標準軌距Class C的齒輪蒸汽機車，對照老照片十分吻合。筆者依據歷史老照片，用模型重建歷史，還原當年平綏鐵路的齒輪型機車，煤水車上面有「平綏」與PSR等文字，弭平筆者在撰寫這一段歷史時心中的遺憾。

　　百年之後再回首，中國京張鐵路與台灣阿里山鐵路，皆是海峽兩岸第一條山岳鐵道，同時期完工，同時保有唯一Z字形路段和使用Shay蒸汽機車，可說是歷史上難得的巧合。我想，這兩條鐵路應該締結姊妹鐵道，並且分享Shay齒輪型蒸汽機車的歷史文化資產才是。

平綏鐵路的齒輪型機車Shay Geared Steam locomotive，同形式保存美國於B&O Railway Museum。

中國鐵道的RA齒輪型機車，Class C型為三個汽缸與三組齒輪驅動轉向架。

筆者的交通博物館依據歷史老照片，用模型重建歷史，還原當年平綏鐵路的齒輪型機車，煤水車上面有「平綏」與PSR等文字。

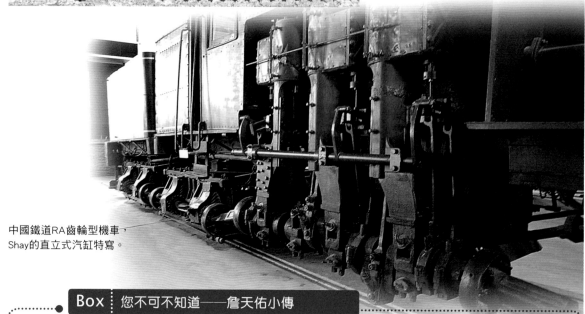

中國鐵道RA齒輪型機車，
Shay的直立式汽缸特寫。

Box 您不可不知道──詹天佑小傳

詹天佑先生玉照。（資料來源：
賈本義主編《詹天佑》）

詹天佑1861年4月26日出生於廣東茶商的家庭。戊戌變法時期他才12歲前往美國留學，10年後從耶魯大學土木工程學系畢業。1881年詹天佑學成回國，回國後詹天佑先完成新城至高碑店之新易鐵路，但只供慈禧太后祭祖使用。

1905年詹天佑擔任京張鐵路的總工程師，因而聲名大噪。他不只獲得清廷的工科進士，他成功地引進Z字形登山鐵道工法，1909年11月，更成為ASCE美國土木工程師學會的第一個中國人。1919年詹天佑逝世後，其墳墓坐落於青龍橋站的山坡上，在青龍橋站還建了一座他的銅像，今日八達嶺站並設詹天佑紀念館，以紀錄他修建京張鐵路的史蹟。

由於當時京張鐵路的坡度很大，為了行車安全，詹天佑首次引進了Z字形路線，與自動連結器Auto Coupler兩種，以利於在火車坡度上運行的鐵路新技術。不過，在當時列強欺侮中國的年代，基於民族自尊，人們皆不自覺地將其冠上詹天佑發明，然後流傳全世界的中國科學成就，一直訛誤迄今，除少數學者知道真相之外，官方也無意更正它。

然而，詹天佑遺留的手稿與後人修其傳記，卻早已經紀錄更正，換言之，詹天佑雖知民情訛傳，卻無意居功，在1910年代能以如此謙沖自持，胸懷磊落，真不愧為一代鐵路工程師之永恆典範。

3-18 GJ工建型0-6-0T蒸汽機車

從1949年以後，中國鐵道進入自主發展製造的時代，這時出現兩款過去滿鐵時代，沒有的蒸汽火車。一款是GJ工建型，另外一款是ET八輪型。這兩款蒸汽機車共同的特徵，都是沒有前後的導輪與從輪，最高時速在40公里以下，屬於地方工礦鐵路，與站內調度專用的蒸汽機車。

工建型蒸汽機車，它的車軸配置為0-6-0，滿鐵時期稱之為XK型，然而它不是滿鐵所遺留的蒸汽火車，它是國產的調度機車，所以另外取名。它是由大連機車車輛廠負責設計，從 1958年到1961年期間，由

成都機車車輛廠和太原機車車輛廠負責生產，車軸配置為0-6-0T的水櫃式蒸汽機車，最高時速35公里，共計生產122台，直到鐵路動力柴油化，才逐步淘汰。不過，有些地方的工廠鐵道，還延續使用到公元兩千年左右，才停用工建型蒸汽機車。

保存於瀋陽鐵路陳列館，工建1038蒸汽機車。

GJ 工建型的蒸汽機車性能表

車輛名稱	製造年代	車軸配置UIC	營運速度(km/h)	輪周功率(KW)	製造車廠	生產數目
GJ 工建型	1958-1961	0-6-0T	35	251	成都機車車輛廠 太原機車車輛廠	122

保存於中國北京鐵道博物館，工建1019蒸汽機車。

　　如今，中國北京鐵道博物館，瀋陽鐵路陳列館，各保存一部工建型蒸汽機車，算是稀有。然而，在台灣糖業鐵道，林業鐵道，這樣0-6-0T車軸配置的蒸汽火車，數目卻是相當地多啊！（參閱拙作《台灣輕便鐵道小火車》）

台灣林業鐵道8號0-6-0T蒸汽機車。

台灣糖業346號0-6-0T蒸汽機車。

台灣糖業370號0-6-0T蒸汽機車。

工建1042蒸汽機車，尚未除役時的原貌。（曾翔 攝）

3-19 ET八輪型0-8-0蒸汽機車

ET八輪型蒸汽機車，車軸配置為0-8-0，對台灣人來說，最熟悉的莫過於八田與一，在興建嘉南大圳時所引進的德國蒸汽機車，台鐵DK500型。對鐵道迷來說，莫過於德國BR81型蒸汽機車，知名的馬克林Marklin等德國模型大廠，都有發行該款火車。

從1961年到1962年，波蘭Fablok Chrzanów工廠，為中國打造了90台ET7型蒸汽機車，車軸配置為0-8-0T的水櫃式蒸汽機車，該車的原型為波蘭鐵路TKp型蒸汽機車。一樣的時期，相較於國產工建型蒸汽機車，ET7八輪型蒸汽機車是進口的火車，同樣是調度用機車，卻因為動輪數增加，噸位數較大，牽引力與輪周功率卻高很多。

ET7型蒸汽機車，被使用於工礦鐵道的調車用途，尤其是在鋼鐵廠運行。在二十世紀末1990年代，許多ET7型蒸汽機車依然在使用，直到柴油化浪潮淘汰為

昔日1970年代，波蘭製的ET7-5327蒸汽機車，注意其第四動輪，已無連桿連結。

與中國ET八輪型蒸汽機車十分相似，德國BR81型蒸汽機車模型。

止。在1990年代後期的目擊資料，該款火車其第四動輪，已無連桿連結，可能是為了通過小曲線半徑鐵道，而做的修改，該車淘汰停用之後，則放在礦場報廢。如今該款火車並無保留下來，是最為可惜之處。

ET八輪型的蒸汽機車性能表

車輛名稱	製造年代	車軸配置UIC	營運速度(km/h)	輪周功率(KW)	製造車廠	生產數目
ET7型	1961-1962	0-8-0T	40	589	波蘭Fablok Chrzanów	90

3-20 RM人民型4-6-2蒸汽機車

人民型蒸汽機車是中國鐵路1960年代，以國產勝利6型蒸汽機車為基礎，自主研發的幹線客運專用的過熱式蒸汽機車。1957年由大連機車廠設計，交由青島四方機車車輛廠試製。1958年4月首台機車試製成功，命名為「人民型」，車型代號RM，並開始量產。從1958至1966年，該型機車累計生產了258輛。

RM人民型蒸汽機車，車軸配置為4-8-2，與過去國產的勝利6型蒸汽機車相比，人民型機車的耗煤量降低11.8%，鍋爐功率提高28.9%，卻能創造110 km/h的高速，是中國鐵道史上最優越的客運用蒸汽機車。該款機車在1963年以後，加裝了導煙板，以利於提高燃燒效率，宛如德國的BR03蒸汽機車的中國版，粗曠魁武的外型，道盡了他高速奔馳時，無盡風光的精彩。

人民型蒸汽機車是1960年代，中國鐵路的客運專用主力機車，當時考慮到維修資源的問題，不少人民型蒸汽機車的零組部件，可以與勝利型蒸汽機車互換使用。不過，兩者之間仍然有明顯的差異，人民型蒸汽機車的動輪是比較堅固的箱型（圓孔）型，而大多數勝利型蒸汽機車，仍是傳統的輻射型動輪居多。

相較於建設型與上游型的千餘部產量，人民型蒸汽機車的產量算是很少，1990年代以後鐵路動力柴油化普及，人民型蒸汽機車也逐步引退而淘汰。如今保存一部RM1247人民型蒸汽機車，於瀋陽鐵路陳列館的外面展示。

保存於瀋陽鐵路陳列館外面，RM人民型蒸汽機車，宛如德國的BR03蒸汽機車的中國版。

RM人民型的蒸汽機車性能表

車輛名稱	製造年代	車軸配置UIC	營運速度(km/h)	輪周功率(KW)	製造車廠	生產數目
RM人民型	1958-1966	4-6-2	110	2670	大連機車車輛廠 青島四方機車車輛廠	258

人民型蒸汽機車的箱型大動輪
特寫，車軸配置為4-6-2，蒸氣
包上方寫著國產青島四方機車
車輛廠。

人民型蒸汽機車的雙軸輻
射型導輪與汽缸特寫，瀋
陽蘇家屯機務段所修製。

3-21 JS建設型2-8-2蒸汽機車

戰後中國的蒸汽機車發展，客運用機車從「勝利型」到「人民型」，貨運用機車從「解放型」到「建設型」，勝利歸人民，解放後建設，寓意耐人尋味。這正是一條1960年代，中國蒸汽機車的自主研發道路。

建設型蒸汽機車是中國鐵路1960年代，以解放型蒸汽機車為基礎，自主研發的幹線貨運專用的過熱式蒸汽機車。1956年，大連機車廠對解放型蒸汽機車進行改良的設計，1957年7月試製成功，該部機車出廠時，毛澤東主席親自乘車，並命名為「建設型」，車型代號JS。往後建設型蒸汽機車交由大同機車廠，大連機車廠，戚墅堰機車廠，和二七機車工廠大量生產，車號自5001起，從1957至1965年停產為止，建設型蒸汽機車累計生產了1135台。

建設型和解放型蒸汽機車相比，車軸配置皆為2-8-2，然而建設型的最大功率提升了16.7%，平面牽引力提高了22%，最高時速仍然維持在85公里，所以維持客貨兩用的極佳彈性。它與前者解放型機車之間，仍然有明顯的差異，建設型蒸汽機車是箱型（圓孔型）的動輪，而大多數解放型蒸汽機

昔日甘肅劉家峽的JS建設型蒸汽機車。（曾翔 攝）

保存於瀋陽鐵路陳列館，車軸配置為2-8-2，JS-5003 建設型蒸汽機車。

車，仍是使用傳統的輻射型動輪。最重要的，建設型有煤煙收集裝置，與蒸汽包合併成為流線型，這是他最大的特徵。目前動態保存一部JS5029，在遼寧省調兵山的鐵煤蒸汽機車陳列館。

過去建設型蒸汽機車，大多數配屬於華北和東北地區

JS建設型的蒸汽機車性能表

車輛名稱	製造年代	車軸配置UIC	營運速度(km/h)	輪周功率(KW)	製造車廠	生產數目
JS 建設型	1957-1965	2-8-2	85	1669	大同機車工廠 大連機車車輛廠 戚墅堰機車車輛廠 北京二七機車廠	1135
JS 建設B型	1980-1988	2-8-2	85	1100	大同機車工廠	423

的鐵路局，為幹線鐵路貨運用的主力機車。1980年起，雖然鐵路柴油機車發展，已經逐步成熟，不過考慮到燃煤成本較為低廉，大同機車廠恢復了建設型蒸汽機車的生產線，主要用於工礦企業的調車以及鄉村地區支線的運轉，並且降低生產成本。車號自8001起，俗稱「建設B型」。至1988年停產，總共生產了423台。

後續上游型蒸汽機車研發，也就逐步取代大部分建設型機車，並且逐步退役報廢。目前尚未退役的機車，在一些工礦企業及煉鋼廠作站內調車使用。

調兵山的鐵煤蒸汽機車陳列館JS5029，是裝設除煙板的建設型蒸汽機車。

上海鐵路博物館JS-1977建設型火車模型。

中國北京鐵道博物館，1957年大連機車廠製造，第一部JS-5001建設型蒸汽機車。

3-22 SY上游型2-8-2蒸汽機車

上游型蒸汽機車的發展，與建設型蒸汽機車的背景十分相近，車軸配置也都一樣，都是在1956年起大躍進的年代，在解放6型的基礎上研發的蒸汽機車。不過，上游型是屬於「低成本型」蒸汽機車，操作維護與購置成本較低，可用於鄉下工農礦廠的調車，與地方支線的小半徑運行，所以最初命名為「工農型」蒸汽機車。

1957年建設型蒸汽機車研發完成，1959年上游型蒸汽機車立即投入研發，由大連機車廠與唐山機車廠聯合研製，1960年由唐山機車車輛廠變更設計，改名為「上游型」，車型代號SY，設計圖紙交由全國各大機車廠量產。雖然最高時速仍然是85公里，但是蒸汽壓力較低，輪周功率較低，造價相對低廉，以維持其調車支線兩用，兼具客貨兩用的功能。

平心而論，上游型蒸汽機車不只是成本較為低廉，它有許多人性化的設計，這是它能長期存活的重要原因。它的外形比較接近原來的解放型蒸汽機車，不過上游型採用堅固箱型的動輪，以及機車主體到煤水車皆裝有欄杆扶手，操作人員可以從列車頭走到尾，維修更為簡易。尤其是斜背型的煤水車，使得該型機車在後退視野不受影響，對於沒有轉車台設備的地方支線與廠礦鐵道，運用極為方便。

有趣的是，雖然中國歷經蒸汽機車淘汰的浪潮，然而，上游型蒸汽機車並沒有隨著蒸汽時代淘汰而沒落，今日還成為中國蒸汽機車動態保存的代表。1989年唐山機車工廠，向美國

三款中國2-8-2型蒸汽機車的外型比較

名稱	車軸配置	機車動輪結構	煙囪沙箱蒸汽包	煤水車
解放6型	2-8-2	輻射型動輪	傳統型	傳統型
建設型	2-8-2	箱型的動輪	流線型	傳統型
上游型	2-8-2	箱型的動輪	傳統型	斜背式

中國SY上游型蒸汽機車，車軸配置為2-8-2，是目前保存數目最多的蒸汽機車。

上游型蒸汽機車的箱型動輪與雙滑棒十字頭特寫。

埃塞克斯河谷鐵路公司和司朗科奈爾公司，輸出了兩台上游型蒸汽機車，以作為觀光旅遊用途。1994年長春機車工廠，向韓國鐵道出口了一台上游型蒸汽機車。如今在遼寧省調兵山市

SY上游型的蒸汽機車性能表

車輛名稱	製造年代	車軸配置UIC	營運速度(km/h)	輪周功率(KW)	製造車廠	生產數目
SY上游型	1962-1999	2-8-2	85	1103	唐山機車車輛工廠 四方機車車輛廠 太原機車車輛廠 長春機車廠 銅陵機車廠 柳州機車車輛廠 濟南機車廠	1769

（Diaobingshan），鐵法（Tiefa）煤業集團運輸專用線與蒸汽機車博物館，擁有一批動態保存的蒸汽機車，大部分為上游型蒸汽機車，成為國家AAA級景區，與全國工業旅遊示範點。這裡吸引了全球眾多的鐵道迷，前來觀賞蒸汽機車運行與實際搭乘體驗。

這款機車的研製成功，也讓蒸汽火車不至於淘汰，如今尚能奔馳，力爭上游呢！

回顧戰後中國蒸汽機車的名詞發展，
有很深的意涵。
先有「勝利」型，
才有「人民」型，勝利為人民，
先有「解放」型，
才有「建設」型，解放為建設，
有了人民與建設的基礎，
才能努力「前進」力爭「上游」！

保存於哈爾濱市區的工業遺產，SY上游型蒸汽機車與雪景。

這是上游型蒸汽機車在陝西銅川礦物局行駛的畫面。
（曾翔 攝）

如今在遼寧省調兵山市，仍有不少上游型蒸汽機車依然在行駛。
（曾翔 攝）

3-23 FD型與YH友好型2-10-2蒸汽機車

在國際外交的平台上，沒有永遠的敵人，沒有永遠的朋友，只有永遠的現實利益。
這句話，套用在FD型蒸汽機車的身上，實在是恰當不過。

FD型蒸汽機車，源自於前蘇聯的一款蒸汽機車，ΦД型與ЛВ型蒸氣機車，所謂的FD，是以兩個俄文字母ФД（俄語：Паровоз ФД）命名。這款FD型蒸汽機車，由前蘇聯伏羅希洛夫格勒蒸汽機車製造廠（Lugansk Locomotive Factory），和烏蘭烏德蒸汽機車製造廠，於1931年到1942年期間，總計生產3213台，最高時速為85公里。

FD型蒸汽機車的車軸配置為2-10-2，它擁有強大的牽引力，高達287.9千牛頓（KN），所以在前蘇聯43條幹線鐵路中，曾經有23條幹線鐵路使用該款機車。所以這是一款貨運幹線專用，牽引重載的貨物列車，而且十分成功的蒸汽機車。

1949年10月，中華人民共和國成立，當時北京與前蘇聯的關係極為友好，不少鐵道建設的顧問也來自蘇聯。當時為了解決戰後鐵路運輸能力不足的問題，中國於1950年代從蘇聯引進了該型機車，從1524mm修改軌距為1435mm軌距，以利於中國境內行駛，

而且多數為無償贈送，總計1054台（編號1001～2004；2201～2250），並定名為友好型，代號YH。

然而好景不常，若干年後由於中蘇關係交惡，以及文化大革命的影響，友好型改為反修型，也就是反對修正主義。1971年7月，原型名YH修正為俄文字母ФД，改為相應的漢語拼音字母FD。若干文獻與展示

保存於瀋陽鐵路陳列館，FD型1227蒸汽機車，1931年前蘇聯製造，車頭前方有一對車燈小眼睛，配備輻射型動輪。展覽文獻上特別寫到FD反帝型。

保存於俄羅斯聖彼得堡鐵道博物館，原版FD型蒸汽機車，車軸配置為2-10-2，配備輻射型動輪。

保存於中國北京鐵道博物館，FD型1979蒸汽機車，配備箱型圓孔動輪。

FD型蒸汽機車性能表

車輛名稱	製造年代	車軸配置UIC	營運速度(km/h)	輪周功率(KW)	製造車廠	生產數目
YH友好型	1931-1942	2-10-2	85	287.9	前蘇聯伏羅希洛夫格勒蒸汽機車製造廠烏蘭烏德蒸汽機車製造廠	3213

資料,將FD寫成反帝型,也就是反對帝國主義侵略,一句話打到中華兒女百年來戰火淋漓的心痛。

事隔多年之後,1991年後前蘇聯解體,當年前蘇聯的FD型蒸汽機車,早已成為前蘇聯時代的陳年往事,如今也成為俄羅斯聖彼得堡鐵道博物館的展示文物。我在俄羅斯見到了它,在中國北京與瀋陽的鐵路博物館見到了它,在波羅的海三小國,愛沙尼亞也見到它。因為它在二次大戰後,蘇聯曾輸出給許多跟它友好的國家,成為前蘇聯時代的重要遺產。然而,愛沙尼亞已經脫離前蘇聯獨立,中國老早走出當年蘇聯時代的共產主義,成為世界最強大的經濟體之一。一切都成為往事。

過去十年,我環遊世界研究火車,
我撫摸過四部同型的FD型蒸汽機車,
從俄羅斯到愛沙尼亞,到中國的北京與瀋陽,
究竟它是代表友好?反修?反帝?
火車依然是火車,它從未改變,改變的是人,
人的視界,決定了你眼中的世界。

前蘇聯製相同的FD型蒸汽機車,也用於波羅的海三小國,愛沙尼亞塔林站。

俄羅斯聖彼得堡鐵道博物館,原版FD型蒸汽機車的輻射型動輪,與單滑棒十字頭特寫。

該款蒸汽機車改良版,圓孔型動輪特寫。

3-24 DK德加寶型 2-10-0 蒸汽機車

1435mm

所謂的DK德加寶型，車軸配置為2-10-0，它擁有五個動輪與一個先導輪，這種蒸汽火車多數用於長大坡道上，牽引重載的貨物列車，比起前述的FD型，少一個鍋爐承載的從輪而已，但是牽引力不受影響。早在滿鐵時代，中國東北便有這種大型蒸汽機車，取自英文Decapod，滿鐵的代號為デカ。

關於最早的DK德加寶型蒸汽機車，1919年，南滿州鐵道從美國ALCO廠購入26台該型機車，而1921～1923年間，滿鐵沙河口工廠相繼生產了36台，一共62台，擔當幹線鐵路及安奉鐵路（丹東─瀋陽），重載貨物列車的牽引任務。1938年又改為デカイ型，1951年後改為DK1型。

1915～1918年間，南滿州鐵道從由美國Baldwin和ALCO兩廠，購入デカ型的火車。這款火車非常的有名，一般稱為

DK德加寶型蒸汽機車的資料表

引進年代	車型	前身車型	車號範圍
1921～1923	DK1型	滿鐵デカイ	1～70
1915～1918	DK2型	滿鐵デカ二 俄羅斯帝國鐵路Ye型 蘇聯鐵路Ye型 芬蘭鐵路Tr2型	71～130
不詳	DK3型	隴海鐵路600型	131～140
不詳	DK4型	同蒲鐵路	141～240
1951年以後	DK5型	德國鐵路BR52型 羅馬尼亞鐵路150型	241～280
1958～1959	紅旗型	中國自製	不詳

中國的DK2型，也就是俄羅斯Ye型蒸汽機車。這是E2201 Russian Decapods，保存於俄羅斯聖彼得堡鐵道博物館。

Russian Decapods，它和俄羅斯Ye型蒸汽機車，芬蘭鐵路Tr2型蒸汽機車，為同型的機車，只是軌距不同而已。這一批火車，曾經在中東鐵路使用，稱為デカニ型。

　　1949年中華人民共和國成立後，蘇聯也向中國提供了一部分Ye型蒸汽機車，這些蒸汽機車在1951年後改為DK2型。如今還可以找到一部DK2-114，保存於呼和浩特鐵路局的包頭機務段。從1958年到1959年，中國曾經依照Ye型蒸汽機車的結構，仿製了三部，稱為紅旗型，然而隨著後來鐵道柴油化的進程，沒有量產，當年生產

的資料也不可考。

　　1949年中華人民共和國成立後，當時北京與羅馬尼亞的關係十分友好。那時，羅馬尼亞有不少德國鐵路BR52型蒸汽機車，該國稱為150型蒸汽機車，尤其是Malaxa工廠和Reşiţa工廠，分批製造了282台該型機車。其中有40台蒸汽機車便出口到中國，在1951年以後稱為DK5型。關於該款機車在下個單元，會有專題的介紹。

　　這些五動輪的DK型與FD型蒸汽機車，成為戰後中國鐵道貨運的主力機車，直到中國自行研發QJ型蒸汽機車取代為止。

中國DK5-250，也就是德國的BR52型蒸汽機車，來自羅馬尼亞。目前保存於瀋陽鐵路陳列館，這是僅存的一部，十分珍貴。

3-25 DK在中國的歷史見證
——走過二次大戰的德國BR52蒸汽機車

對於第二次世界大戰有研究的人而言，德國鐵路的BR52型蒸汽機車，絕對不陌生。這款車軸配置2-10-0的蒸汽機車，是德國鐵路在二戰期間，大量製造的「戰爭型機車」（Kriegslokomotiven），該款機車堅固耐用，車軸有「蹼輪狀」輻射型結構，出力強大，並兼顧行車速度，時速可達80公里。

BR52型蒸汽機車是由戰前精密的BR50型所發展而來的，其車體略為簡化的設計，可以減少製作成本與金屬材料的使用，其操作與保養亦同步簡化，以達到大批量產與戰地使用的目的。德國BR52型機車主要用於歐洲東線戰場，為了完成其龐大的生產計劃，17家德國的機車製造廠被合併為一，由當時帝國軍備部長施佩爾管轄，生產總數多達6719輛以上，是全球產量最高的蒸汽機車之一。也因為對俄國與波羅的海三小國戰爭的緣故，部分火車被修改成1524mm軌距，若干的車型被改成裝甲列車，煤水車從原本的半油槽型，改成方型裝甲車。

保存於德國南部Blumberg車站的BR52型蒸汽機車。

保存於匈牙利布達佩斯鐵道博物館的BR52型蒸汽機車。

在二次大戰結束後三十年，該款火車留下來成為戰利品，或是戰後賠償品，有很多歐洲國家都還在繼續使用BR52型。前蘇聯擁有2100餘輛BR52，是擁有該型機車最多的國家，波蘭也擁有1000餘輛居次，一直到1990年代仍然在使用。第三是東德擁有約800輛BR52，其他東歐國家亦保有大量的該型機車，包含羅馬尼亞，波士尼亞和土耳其也長期使用BR52，奧地利將BR52一直使用到了1976年。如今德國、奧地利、波蘭，也都還有動態保存BR52型蒸汽機車，它是牽引觀光列車的車頭，亦是重要的鐵道文化資產。

中國在二次大戰結束後，由於與羅馬尼亞友好的關係，在1950年代引進了德國BR52型，編為DK5型蒸汽機車，這是中國當時最大型的蒸汽機車之一，車軸配置2-10-0，擁有五動輪的蒸汽機車。當然，直到後來中國自製QJ前進型蒸汽機車，最大型的五動輪蒸汽機車，方取而代之。

保存於拉脫維亞鐵道博物館的BR52型蒸汽機車，屬於寬軌1524mm軌距。

保存於土耳其塞爾柱鐵道博物館的BR52型蒸汽機車，罕見方形煤水車。

DK5型蒸汽機車的性能表

車輛名稱(別稱)	製造年代	車軸配置UIC	營運速度(km/h)	輪周功率(KW)	生產數目
DK5型	1942-1950	2-10-0	80	1192	德國BR52

保存於德國柏林科技博物館的BR52型蒸汽機車。

車軸有「蹼輪狀」輻射型結構，是BR52型蒸汽機車的特徵之一。

保存於波蘭Wolsztyn 蒸汽火車基地的BR52型蒸汽機車。

NOTE
如今2015年，適逢二次大戰結束七十年，
回顧這些散落世界各地的BR52型蒸汽機車，
勾起我鐵道環遊世界的記憶，
這一頁我把他們收集在一起，看見DK5型在中國的歷史見證，
也看見德國BR52型蒸汽機車，走過第二次世界大戰的歷史滄桑。

3-26 QJ前進型2-10-2蒸汽機車
——解放後中國最大型的蒸汽火車

談到中國的蒸汽機車，在老外鐵道迷的眼中，不論是電影，文學，歷史或是旅遊攝影，都有一個永不褪色的主角，就是QJ前進型蒸汽機車。尤其是它最後行駛於集通線鐵路，冒著大煙奔馳的壯麗風景，讓全球鐵道迷為之印象深刻。

1954年，當中國還是大量使用前蘇聯YH「友好型」蒸汽機車的時代，中國鐵道部調集工程設計技術人員，到大連機車車輛廠，在蘇聯顧問專家的指導之下，研究幹線貨運用的蒸汽機車。1956年3月完成初步設計，同年9月中國鐵路首台國產大功率蒸汽機車試製成功，當時命名為HP「和平型」，這就是前進型的前身。

自1958年到1961年，「和平型」共製造了42台機車，其中9台為六軸型煤水車，其它為四軸型煤水車。經大同機車工廠經過重大改良，最終於1965年定型，投入批量生產，成為大同機車工廠的主要產品。1971年定名為「前進型」，車型代號QJ，曾有人說，前進乃取材自名言「革命是人類歷史前進的火車頭」，不過史料上並未有確切的依據。而隨著1970年起中國跟蘇聯的關係緊張，YH友好型被改名為FD反帝型，當然這個HP和平，中蘇之間實在也很難維持下去，所以當然必須改名，只是改成了前進，確實也合乎當時的時代背景。

前進型蒸汽機車與FD型蒸汽機車的車軸配置相同，都是2-10-2，五動軸是它的特徵與驕傲。無疑地，它是中國自行設計製造，大功率幹線用貨運蒸汽機車。它不僅是國產蒸汽機車中噸位最大，牽引力最強，也是產量最多的機型。從1956年9月第一部誕生，至1988年12月，最後一部編號7207的前進型機車出廠為止，前進型機車共製造了4708輛，產量傲視全國，也讓前蘇聯的FD型蒸汽機車相形失色。

昔日前進型蒸汽機車，行駛於集通線鐵路的壯麗風景。（曾翔 攝）

雖然，前進型蒸汽機車曾為中國多個鐵路局所使用，其後隨著鐵路動力柴油化的影響，逐漸被柴油機車及電力機車取代。然而，在1990年代，當時不少從鐵路局退役的前進型蒸汽機車，為內蒙古集通鐵路購入，並且加以集中運用，最高紀錄曾擁有一百多台蒸汽機車，遂使集通鐵路成為觀賞蒸汽機車的熱門路線，曾經吸引了國內外的眾多鐵道迷爭相前來紀錄與觀賞蒸汽機車，直到最後一批27台前進型蒸汽機車退役，2005年12月7日結束運行，由柴油機車所取代。

在那精華的十五年歲月中，集通鐵路無疑地成為中國的蒸汽機車，行走的山岳鐵道的代表，也是亞洲國家最知名的蒸汽機車保存聖地。從集寧至通遼，這條鐵路為了輸送大輛的貨物，運用的前進型蒸汽機車，翻山越嶺備極艱辛，除了鐵路隧道之外，集通線鐵路有許多高架橋的路段，以克服地勢落差。路線上有許多S line＆U-turn，沿途噴發大煙，成為外國鐵道迷的攝影景點。由於集通線鐵路坡度高達千分之35，許多蒸汽機車必須二重連甚至三重連，才能翻山越嶺，尤其冬季時蒸汽機車，在雪白大地上奮力奔馳，一條長龍劃過雪地高

保存於瀋陽鐵路陳列館，QJ6368前進型蒸汽機車，擁有兩個大頭燈。

陳列於瀋陽鐵路陳列館門口，QJ1043前進型蒸汽機車。

原，蔚為壯觀。中國最後的雪地之煙，世界最壯觀的蒸汽火車之旅，美名不脛而走！也許前進型機車大煙奔馳的壯麗風景，太令人難忘，所以在它退役之後，原屬於集通鐵路前進型機車，6988、6998、7002、7040及7081號，這五部機車動態保存，售予美國的鐵路發展公司Railroad Development Corporation，作為觀光旅遊路線。其中6988號及7081號機車於2006年6月13日運抵美國，行走愛荷華州際鐵路Iowa Interstate Railroad。截至2015年底，集通鐵路仍然動態保存若干前進型機車，提供來自全球的鐵道迷包車，以不定期的專車方式行駛，重溫舊夢。

QJ前進型的蒸汽機車性能表

車輛名稱(別稱)	製造年代	車軸配置UIC	營運速度(km/h)	輪周功率(KW)	製造車廠	生產數目
QJ 前進型	1956-1988	2-10-2	80	2192	大連機車車輛廠設計 大同機車工廠生產	4708

保存於中國北京鐵道博物館，第一部QJ0001蒸汽機車，1956年製造，注意它當時並沒有除煙板。

這一部QJ101前進型蒸汽機車，是1964年提高燃燒效率的改良版。保存於中國北京鐵道博物館。

前進型蒸汽機車，車頂的蒸汽包，大同機車工廠1983年製的銘版。

前進型蒸汽機車，擁有五個動輪的特寫。

中國外銷到美國，當成觀光用途的前進型蒸汽機車，跨越愛荷華河橋樑。（資料來源：維基百科英文版）

窄軌型式的蒸汽機車　1000mm　762mm　610mm　600mm軌距

762mm

3-27 1876年中國鐵道的Pioneer ─上海吳淞鐵路的火車

　　一般而言，在正史上談到中國第一條鐵路，都會指向1881年中國的唐胥鐵路，因為它是標準軌距，1435mm，中國的鐵道路網也以此為標準。但是，如果將先前的輕便鐵道，窄軌的體系納進來，則一定會提到1876年吳淞鐵路的故事，762mm軌距，無疑的這是中國第一條輕便鐵道。

　　1875年，上海英國的怡和商行（Jardine & Matheson），取得修建「吳淞鐵路」的許可。1876年1月，開始興建上海到吳淞間，鋪設窄軌的吳淞鐵路，2月14日，英國人使用Pioneer「先導號」蒸汽機車首次試車，車軸配置為0-4-0，數以千名的當地人圍觀「火車」試行，無不稱奇，這是中國鐵道的濫觴，火車試運行的開始。於是Pioneer，堪稱是中國鐵道史上第一部蒸汽機車。

　　1876年4月，全長約14.5公里吳淞鐵路鋪設完工。6月12日，以車軸配置0-6-0的Celestial Empire「天朝號」蒸汽機車進行試車，因為鐵道路線距離加長，火車得以全速前進，創下時速25英里，約時速40公里的紀錄。同年7月1日，吳淞鐵路正式通車。

1876年中國鐵道的濫觴，第一部英國製的Pioneer機車，上海鐵道博物館。

在這條鐵路營運通車後，除了Pioneer「先導號」蒸汽機車，還有三部蒸汽機車，包含「天朝號」（Celestial Empire）、「華國號」（Flowery Land）及「總督號」（Viceroy），車軸配置俱為0-6-0，提供了可觀的運能。然而，不幸的是，因當時民智未開，8月3日因為火車輾死行人一名，輿情皆反對火車繼續開行。1876年底，在清政府要求下，該鐵路停駛並付款贖回鐵路，1877年10月20日，中國贖路的款項付清，吳淞鐵路正式收回，走入歷史。

1877年12月18日，吳淞鐵路的路軌全部拆除，當時軌道及機車、客貨車輛鐵道設施，全部被運往臺灣，然而臺灣鐵路後來並未使用，這批設備在港岸邊地荒廢。1887年起劉銘傳修建台灣鐵路，以1067mm軌距，所有的鐵道設施，皆另行購建。因此當時吳淞鐵路的蒸汽機車Pioneer等四部火車，最後也不知去向。

雖然，這實在是一場鬧劇，吳淞鐵路建成後拆，是現代工業文明進程的遺憾，也讓中國鐵道的創建元年，從1876年延後到1881年，倒退了五年。然而，沒有這段過程的衝突與省思，也無法讓中國的清政府與百姓，去接受鐵路與火車，這種工業文明的先鋒，所帶給社會的進步與衝擊。因此吳淞鐵路的故事，以現代史的角度來看，也是極具意義的成長歷程。

吳淞鐵路在拆除後二十一年更是格外有意義啊，1898年重建，更名為「淞滬鐵路」。如從今邁入2016年，從1876至2016走過140年的歲月，中國已經成為世界鐵道大國，回顧這段歷史，更是格外有意義啊！

1876年上海吳淞鐵路，當時的「天朝號」蒸汽機車模型，上海鐵道博物館。

3-28 山西同蒲鐵路與正太鐵路的窄軌蒸汽機車

從1937年起，在日本侵華戰爭期間，由於山西地區的鐵路特殊，不少鐵路為1000mm軌距，使得日本陸軍在侵略中國時，必須運送一米軌距的蒸汽火車，到當地的華北交通使用，其中以同蒲鐵路與正太鐵路的窄軌蒸汽機車，最為有名。而且巧合的是，這些山西鐵路的窄軌火車，不乏是台灣鐵路同型的蒸汽機車。

這些配合戰爭改軌距的火車，最早的一款是日本鐵道省9050型機車。1907年美國ALCO製造，車軸配置為2-8-0，該車近似於台灣總督府鐵道部120號機車，亦即是日本鐵道省9200型機車，參閱拙作《台灣鐵路蒸汽火車》P.50。該火車原屬於北海道炭礦鐵道，後來改編為鐵道省9050型，1937年侵華戰爭爆發，這26部蒸汽機車立刻修改成一米軌距，送到中國山西的正太鐵路行駛，稱為ソリA，戰後中國繼續使用，改稱為KD51型。

然而，最具傳奇色彩的，無非是日本鐵道省2850型機車，車軸配置為2-6-0，也是台灣總督府鐵道部100號機車，1908年美國ALCO製造，參閱拙作台灣鐵路蒸汽火車P.47。該火車當初配置於基隆，1935年配置於

中國山西的正太鐵路プレB-1502，曾經使用日本2920型機車，在1938年運至中國使用，共有プレB-1501至プレB-1505五部。（中國鐵道博物館提供）

台北機務段當成調度機車，1938年在台灣除籍，並修改軌距1067mm成1000mm，送到中國山西的同蒲鐵路繼續使用，在1951年改為摩巨型MG52（Mogul），1975年除役報廢。如今最後一部同型車，保存於東京西武鐵道7號蒸汽機車。

此外，中國山西的窄軌蒸汽機車，也曾經使大量用過日本的C12型蒸汽機車，也就是台鐵知名的CK120型。在日本侵華戰爭期間，從1938年至1939年，日本陸軍運送了60部C12型蒸汽機車，改成一米軌距，運用於華北交通，山西的正太鐵路。由於C12型車軸配置為2-6-2，所以屬於草原型PL，當時沿用中國舊編號規則，改稱為プレA-51型。1939年隨著正太鐵路修改成標準軌距，該批火車移轉至同蒲鐵路繼續使用。

這批プレA-51型火車，在大戰結束之後，中國改稱PL-51型繼續使用，直到1956年同蒲鐵路改成標準軌距為止。這批PL-51型蒸汽火車，中國後來轉送給越南鐵路，編為131型繼續使用，它的壽命很長，甚至沿用至二十世紀末。如今，這批PL-51型蒸汽機車，中國鐵道並未保存下來，實在可惜。然而，海外的同型車卻十分豐富，除了越南以外，台鐵的CK124，與日本真岡鐵道的C1266，日本大井川鐵道的C12164，三部都已經陸續復駛，這真的是歷史難得的一頁。

此外，山西的正太鐵路，也曾經使用日本2920型機車，稱為プレB-15型，是日本國有鐵道芸備線的中古火車，1938年陸軍所移轉過來，如今除了老照片，其餘不可考。

日本侵華戰爭期間引進的山西窄軌蒸汽機車性能表

原有國家 車輛名稱	中國地區 車輛名稱	引進年代 (西元年)	車軸配置UIC	整備重量(公噸)	製造國	數目
日本9050型	ソリA（KD-51型）	1937	2-8-0	34.06	美國	26
日本2850型	（MG-52型）	1938	2-6-0	63.62	美國	1
日本C12型	プレA-51（PL-51型）	1938-1939	2-6-2	50.85	日本	60
日本2920型	プレB-15（PL-15型）	1938	2-6-2	36.76	美國	5

中國山西的窄軌蒸汽機車，曾經使用日本2850型機車，這是最後一部，保存於東京西武鐵道7號蒸汽機車。

中國山西的窄軌プレA-51型蒸汽機車，曾經使用過日本的C12型，這部C1266是日本真岡鐵道的動態保存機車。

3-29 雲南滇越鐵路──JF51型蒸汽機車

談到JF51型蒸汽機車，就是少見的解放51型，它是屬於法國所建造的，「滇越鐵路」的蒸汽機車，更是一頁不朽的鐵道傳奇。

滇越鐵路是雲南省的第一條鐵路，也是中國少數米軌1000mm軌距的幹線鐵路，從原法屬殖民地越南的河內，經中越邊界進入雲南，自河口北延伸至昆明，故稱滇越鐵路，現階段已改稱昆河鐵路。

當時這條鐵路是法國根據不平等條約修建，卻也由於這條鐵路的完工，成為中國南部最早的山岳鐵道與國際路線，歷經二次

大戰後又歸還中國，有著一段曲折離奇的故事。清光緒十一年1885年6月9日，因為中法戰爭緣故，法國與清政府締結《中法會訂越南條約》，取得對越南的〝保護權〞。1887年法國隨即派人踏勘路線，並成立法國滇越鐵路公司。

1903年法國政府完成規劃，於1904年正式開工。全長855公里，越南段長389公里，中國滇段長466公里，全線歷經五年，115座隧道，長17.864公里，1909年4月15日河口通車至碧色寨，1910年4月1日河口至昆明全線通車。基本上由法國取得經營權，軌距為

滇越鐵路 JF51型蒸汽機車，這也是中國僅存一部法國製的蒸汽機車。

1米，與中南半島鐵路軌距相同，當然包含泰緬鐵路在內，而其規模卻有過之無不及。

二次大戰結束後，中法兩國在重慶會談，1946年2月28日《中法協定》，其中明確指出滇越鐵路，滇段路權正式回歸中國，這條鐵路正式成為中國的山岳鐵道。現在，滇越鐵路沿線還保留著許多百年遺址，火車客運只局部通行部份路段，其餘停駛。2008年6月15日，昆明鐵路局將原先用於開行職工通勤的客車（昆明北—王家營），延伸到石咀，並且開始對外辦理 客運業務，這條鐵路成為珍貴的百年活骨董。

滇越鐵路經歷了百年的滄桑，當年法國製的蒸汽火車，幾乎全部消失了，還好昆明鐵路局，最後還保留了最後一部，1921年法國建造的JF51型738號蒸汽機車，這也是中國僅存一部法國製的蒸汽機車，目前保存於中國北京鐵道博物館。

JF51型的蒸汽機車性能表

車輛名稱(別稱)	製造年代	車軸配置UIC	營運速度(km/h)	輪周功率(KW)	製造車廠	生產數目
JF51型	1926	2-8-2	55	11571	法國	不詳

保存於中國鐵道博物館的JF51-738 蒸汽機車。

3-30 雲南滇越鐵路——KD55型蒸汽機車

談到KD55型，它是日本的9600型蒸汽機車，也是台鐵的DT580型機車，它是中日台三地共同的蒸汽火車，只不過它並非1067mm軌距，而是米軌1000mm軌距版，用於滇越鐵路，直到1980年代之後才退役。

關於KD55型的由來，有兩個來源。一個是侵華戰爭時期，將中國東北、華北與華中地區殘留的9600型，由標準軌距所修改而來。另外一個則是1941年日本攻打海南島時，當時引渡了4部9600型（9620，9622, 9639, 9659），前往海南島使用，後來留在當地，戰後中國將1067mm軌距改成米軌1000mm，運用於滇越鐵路。

KD55型蒸汽機車，除了本身容易修改軌距之外，其實它最大的特點，牽引力很強，高達16370公斤，很適合運用於登山鐵路。由於滇越鐵路本身即是登山鐵路，火車從海拔2300公尺高的雲貴高原，下降至海拔91公尺的河口，鐵道蜿蜒歷經險惡山境，全線建築費用將近1.59億法郎，每公里的造價竟然比1435mm軌距的鐵路建築費高約一倍，可見築路工程之浩大。

依據1910年法國出版的報告，當時最初修建者的理由，是因為中國雲南的山岳風景優美，山勢險峻，山嵐飄邈，所以把移居南法的阿爾卑斯山的夢想，複製於此，連法國登山鐵路的軌距也一併複製，不難想像當時法國的殖民主義者的心態。卻也造就了滇越鐵路的夢幻奇蹟，而當時法國媒體甚至報導，除蘇黎士運河、巴拿馬運河，滇越鐵路竟成了世界第三大工程。

在滇越鐵路修築過程中，如同泰緬鐵路一般傷亡慘重。然而滇越鐵路的沿線風景之美，卻是不在話下，其最小區率半徑僅100公尺，馬蹄彎非常多，如同阿里山鐵路一樣。其赫赫有名者，首推人字形橋，

台鐵的DT580型蒸汽機車，源自日本9600型，成為中日台三地共同擁有的蒸機車。

昔日行駛於雲南滇越鐵路，KD55型583號蒸汽機車，行經白寨附近的人字形橋的經典畫面，令人讚嘆！（王福永 提供）

中國的KD55型蒸汽機車，也正是日本9600型機車的米軌版。

這座鋼構橋以55公尺的跨距銜接於懸崖峭壁上，橋下卻是高達100公尺深，南溪河上游河谷，令人望而生畏！

如今，當年的KD55型米軌蒸汽機車，已經完全停用，KD55型579號現今保存於北京中國鐵道博物館，KD55型583號保存於雲南鐵道博物館。共同見證並紀錄這條中國鐵路史上，不可遺忘的山岳鐵道傳奇。

KD55型的蒸汽機車性能表

車輛名稱(別稱)	製造年代	車軸配置UIC	營運速度(km/h)	輪周功率(KW)	製造車廠	生產數目
KD55型	1921-	2-8-0	50	16370	日本	不詳

保存於中國北京鐵道博物館的KD55型579號蒸汽機車。

今日保存於雲南鐵道博物館的KD55型583號蒸汽機車。

3-31 雲南個碧石鐵路——SN型蒸汽機車

昔日雲南的滇越鐵路，從碧色寨、個舊到石屏有一條支線，稱為個碧石鐵路，軌距為 600mm，有吋軌小火車之稱。從1929年起，美國製造的五動輪的SN型蒸汽機車，一直是這條鐵路的最大亮點。這款SN型蒸汽機車的最大特徵，即是裝有曲軸Crank shaft與偏心重塊Eccentric mass的外部連桿結構。

一般來說，由於窄軌的蒸汽機車因為軌距窄，所以使得框架很窄，為了能夠承接鍋爐並降低重心，不少的蒸汽機車，會將框架從車輪內側改到外側，稱之為外框型Outer frame蒸汽機車。如此一來，動輪被隱藏在內，蒸汽機車的連桿，無法連結動輪加以驅動，所以必須在框外加曲軸與偏心重塊，形成外連桿結構。許多英國與美國的窄軌蒸汽機車，都有如此的設計。但是SN型蒸汽機車，是中國唯一使用該種結構的蒸汽機車，十分地珍貴！

基本上，雲南十八怪，火車沒有汽車快，指的就是過去這種吋軌小火車，速度雖不快，但是牽引力不錯，高達6691公斤。然而，隨著時代進步，1990年代這款蒸汽火車也就停駛了。

目前這款Outer frame蒸汽機車，截至目前為止，中國只剩下三部，都屬於昆明鐵路局。SN型23號蒸汽機車，保存於中國北京鐵道博物館。SN型26號蒸汽機車，隸屬上海鐵道博物館。SN型29號蒸汽機車，在雲南鐵道博物館。

昔日雲南個碧石鐵路 SN型23號蒸汽機車行駛的歷史畫面，左側600mm與右側1000mm軌距並列，這是非常珍貴的歷史畫面。（王福永 提供）

SN型蒸汽機車的蒸汽機車性能表

車輛名稱(別稱)	製造年代	車軸配置UIC	營運速度(km/h)	輪周功率(KW)	製造車廠	生產數目
SN型蒸汽機車	1929-	0-10-0	45	6691	美國	202

今日保存於雲南鐵道博物館的SN型29號蒸汽機車。

保存於中國北京
鐵道博物館的
SN型23號蒸汽
機車。

該款SN型蒸汽機車的前方銘版,有著昆明鐵路局標誌。

窄軌的SN型26號蒸汽機車,隸屬上海鐵道博物館。

美國製的SN型蒸汽機車駕駛室,其駕駛座設置於右側。

這款蒸汽機車最大的特徵,即是裝有偏心重塊的外部連桿結構。

在上海世博會鐵道主題館,展出的SN型26號蒸汽機車。

3-32 C2型與C4型的工礦專用蒸汽機車

談到C2型蒸汽機車，這是一款在中國非常知名的窄軌小火車，762mm軌距，車軸配置0-8-0，有四對小動輪，轉起來實在是非常的可愛。從1952年起由石家莊動力機械廠，到1959年哈爾濱林業機械廠仿製前蘇聯Kch4型和Kp4型的小型蒸汽機車，由當時的捷克斯洛伐克的斯柯達公司製造，有750mm與762mm兩種軌距，普遍用於東歐地區。由於C2型蒸汽機車成本低，效率高，很快地遍佈在中國的鄉村地區，工礦企業，森林鐵道，都普遍使用。

不過，如今除了四川的芭石鐵路還在使用之外，其餘多半停駛，C2型蒸汽機車成為中國各地的展覽品，卻也讓這款小火車的

中國知名的C2型的蒸汽機車，蒸汽包與砂箱結合成流線型包。

四川芭石鐵路的這款蒸汽機車，煤水車有四軸，也可以稱之為C4型。

一般來說C2型的蒸汽機車，煤水車較小，車輪只有三軸。

和C2型相比，C4型的蒸汽機車，煤水車較大，有兩個轉向架，車輪有四軸。

身世細節，成為有趣的話題。其實，嚴格觀察C2型蒸汽機車，還是有其差異，有些蒸汽包為獨立圓桶，有些蒸汽包與砂箱結合，成為流線型包（如D51型即是），不同製造廠有其差異。還有，C2型蒸汽機車與C4型蒸汽機車的不同，也是眾說紛紜，林林總總，不一而足：比較可靠的說法，C2型的蒸汽機車，煤水車較小，車輪只有三軸；C4型的蒸汽機車，煤水車較大，有兩個轉向架，車輪有四軸。

現今芭石鐵路的蒸汽機車，堪稱是中國最後762mm的窄軌火車天堂，多數由石家莊動力機械廠製造，型號為ZM16—4型，窄軌、粘著重量16噸，牽引力3168公斤，額定工作壓力13公斤，最大時速35公里。此類蒸汽機頭先後有15輛，其中芭石自製2輛；現在能使用的有4輛，平日保持2輛在路線上運行，限速20公里。

多數人並不知道，762mm窄軌的C2型蒸汽機車，還有一個有趣的題外話，它曾經出現過1435mm與1000mm軌距的衍生款。

現今芭石鐵路的燃煤蒸汽機車，堪稱是中國最後762mm的窄軌火車天堂，No.7在躍進站。

1959年至1962年，中國曾經自製一款「運1118」型蒸汽機車，車軸配置0-8-0T，沒有煤水車，適用於工礦廠區調車，共生產35台，有1435mm與1000mm軌距兩種。相同的時期，從1959年至1965年，中國曾經自製「RJ」蓉建型蒸汽機車，車軸配置一樣是0-8-0T，共生產70台，只有針對762mm軌距來生產。

在1960年代，中國的大同機車廠為了地方鐵路與工礦鐵路需求，研發出「星火型」與「燎原型」的蒸汽機車，星火型為1435mm軌距，燎原型為1000mm軌距，車軸配置一樣是0-8-0，只是軌距加寬版。星火型代號XH，交由長春機車廠和牡丹江機車廠，僅僅生產了48台，燎原型計劃由太原工廠生產，後來未能量產，都是與後來鐵路柴油化的進程有關。

此外，中國的窄軌工礦專用蒸汽機車，除了最普遍的車軸配置0-8-0，也曾出現車軸配置0-6-0的形式。在四川重慶的三峽博物館三樓，陳列的北川鐵路蒸汽機車模型，就是這款蒸汽機車形式，如今已經不可考。

SN型蒸汽機車的蒸汽機車性能表

車輛名稱(別稱)	製造年代	車軸配置UIC	營運速度(km/h)	輪周功率(KW)	製造車廠	生產數目
C2型	1952-	0-8-0	20	28	石家莊與哈爾濱林業機械廠	202

四川威遠黃荊溝的C2型的蒸汽機車。（曾翔 攝）

保存於徐家匯上海老站，C2型的蒸汽機車。

保存於上海1933，C2型的蒸汽機車，蒸汽包為獨立圓桶。

內蒙古的根和森林鐵道，C4型的蒸汽機車。

黑龍江葦河森林鐵路的C4型的蒸汽機車。
（曾翔 攝）

中國北川鐵路蒸汽機車，車軸配置0-6-0，只有三動軸。

過去東北林業時代，C2型與C4型蒸汽機車，都有這個標誌。

3-33 香港沙頭角支線的蒸汽機車

談到中國的鐵道車輛史，不論是蒸汽機車，柴油機車或是電力機車，絕對不能忽略香港九龍地區這一塊。

誠然，過去這裡是英國所治理，1997年才回歸中國，所以有許多車輛，自成一個封閉的體系，中文稱為九廣鐵路，簡稱九鐵；英文Kowloon-Canton Railway，縮寫KCR。

沙頭角支線興建於1911年4月，1912年4月1日完工通車，是九廣鐵路於香港新界北區的一條窄軌鐵路，軌距為610mm，由今日的粉嶺站通往沙頭角，故又名粉嶺支線。然而，因為沿線公路興建而使客運量大減，在1928年廢止，營運僅維持了16年。

當時沙頭角支線使用的其中兩輛英國製W.G.Bagnall蒸汽機車，車軸配置為0-4-4T，1928停駛之後，1933年被賣到

曾經用於香港沙頭角支線的KCR蒸汽機車，保存香港鐵道博物館。

菲律賓的甘蔗園繼續使用。二次大戰結束後，到1995年被KCR購回。其中一輛蒸汽機車復修復成1920年代的原貌後，1997年起陳列於香港鐵路博物館，也是唯一保存610mm軌距的蒸汽機車。

沙頭角支線火車模型。

香港九龍新界的
沙頭角支線地圖

該款蒸汽機車的輻射型動輪與雙滑棒十字頭特寫。

該款W.G. Bagnall蒸汽機車，為窄軌 610mm軌距。

其他特殊的蒸汽機車

3-34 輾轉三地日本中國到台灣──戰火流浪蒸汽機車的故事

**在戰爭的大時代中，每一個生命，都是顛沛流離的，
人的靈魂渴望安全的皈依，不要四處流浪，只為尋找安身立命的落腳處，是何其困難？
一樣的故事，竟然，也發生在火車的身上。**

這是二十世紀的大時代，中國鐵道曲折離奇的火車故事。

日本的B6型、9200型與C50型蒸汽機車，是來自日本的火車，也是奔馳中國領土的火車，更是落腳台灣的火車，它們都是隨著戰火，而輾轉日中台三地，顛沛流離的火車。

1904年日俄戰爭爆發之後，中東鐵路的南支線，從旅順至公主嶺路段被日本陸軍佔領，原本的寬軌鐵路，改為與日本國鐵相同的窄軌1067mm。隨著東北地區日本陸軍作戰的運輸需求，當時調用鐵道省的2100型，當時通稱B6型蒸汽機車，被送到中國東北的戰區，在臨時的戰區鐵道使用。

1905年戰爭結束之後，日本從俄羅斯手中取得中東鐵路的南支線，長春至旅順的路段，1906年11月26日成立南滿州鐵道株式會社，南滿州鐵道開始興建，原本1067mm窄軌的鐵道改成1435mm標準軌距，在1908年長春至旅順的鐵路正式改軌距完成，這批火車就不能再使用了。此外，日俄戰爭結束後，大連港成為日本的占領地，而從1908年至1911年，共有十一部B6型蒸汽機車，就從大連港運送到台灣基隆港，繼續為台灣鐵路效力。

後來是甚麼原因，讓這麼多的B6型蒸汽火車被送到台灣去？當時，對台灣縱貫鐵路建設，有極高貢獻的

日本C50型蒸汽機車，曾經送到中國海南島，最後流浪到台灣。這是東京的北鹿濱公園C5075。

保存於東京工業大學，日本唯一復活的B6蒸汽機車2109。

民政廳長官「後藤新平」，在日俄戰爭結束之後，1906年離開台灣，他來到大連，成為南滿州鐵道株式會社的首任社長，藉由他在台灣地區修築鐵道的經驗，開啟日本在中國東北的鐵道建設大版圖。他

當然知道台灣鐵路是1067mm的窄軌鐵道，而1908年，剛好是台灣鐵路縱貫線通車的年代，鐵道運輸的需求大幅度成長，而擁有三動輪的B6型蒸汽機車，適合奔馳於山線的大坡度路段。在1945年戰後的台灣，中華民國政府編為CK80型，直到1960年代退役為止。

其實，當年東北的這批B6型蒸汽機車，有一部分修改軌距留在當地使用，一部分送到台灣，所以滿鐵時代的編號規則，還保留他的稱呼，車軸配置為0-6-2，英文的學名是Fornev，日語稱呼ホネイ，後來以FN為代號。不過，很可惜這批火車在中國，只有老照片，並沒有火車被保留下來，也許與這批火車是明治時期英國製，年代久遠有關。如今，這一批火車在中國與台灣都

沒有保存，然而在日本還有幾部，尤其是東京工業大學，還有一部復活的B6型蒸汽機車2109。

此外，在這一場日俄戰爭中，有鑑於B6型蒸汽機車的動軸數只有3個，牽引力不足。所以，日本在1905年，從美國ALCO訂製9200型蒸汽機車50部，車軸配置為2-8-0。當時1905年送了三十部蒸汽機車到中國東北，而日本本土則保留二十部，1906年更從二十部裡面，轉送了三部來到台灣，這就是台灣總督府鐵道部120號型。但是該火車在1933年報廢，並沒有留用到台灣光復以後，所以也就沒有台鐵的編號。

而當年這一批留在中國東北的美製蒸汽機車，後來1908年滿鐵改了軌距，無法在滿鐵繼續使用，這三十部最後還是送回日本，另外買新的蒸汽機車。這一型火車曾經活躍於北海道地區與礦業鐵道，後來停用淘汰。

相較於鐵道省的B6型蒸汽機車，日本國鐵C50型蒸汽機車的命運，也十分類似。侵華戰爭期間，1941年日本攻佔海南島修築鐵路，當時海南島的軌距與日本台灣相同，都是1067mm軌距，日本海軍送C50型到海南島，成為戰爭的運輸工具。1944年起隨著東亞戰事吃緊，日本海權盡失，在撤退之前，五部C50型蒸汽機車，恐怕都回不了日本本土，只好秘密轉送到台灣。

保存於日本名古屋市科學館，日本B6蒸汽機車2412。

1945年二次大戰結束之後，C50型蒸汽機車納編到台鐵的體系，成為中華民國政府稀有的CT230型，然而實際上的運用並不多，1960年代當調度機車使用，最後除役拆除消失。然而，日本C50型本身產量不多，只有158輛，也因戰時輸出之故，所以C50型在日本國內的保存數目極少，僅存六部而已。

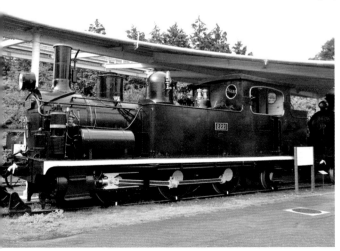
日本B6蒸汽機車，曾經送到中國東北使用，後來送到台灣鐵路使用。這是保存於日本東京近郊青梅鐵道公園的B6蒸汽機車2221。

3-35 俄羅斯寬軌版——東清鐵路的蒸汽機車

當鐵路改了軌距，猶如歷史關上了一扇門，
那些舊時代不同軌距的火車，從此被關在門外。
如果還能重見天日，那是上天刻意的安排，
當年掉到河裡的古早寬軌火車，出土了，
穿越西伯利亞的東清鐵路歷史，打開了。

　　所謂的東清鐵路，或是中東鐵路，也就是一般人所熟悉的西伯利亞大鐵路的中國境內路段。這條鐵路為寬軌1524mm，建築於清朝1897年，完工於1903年，從俄羅斯的莫斯科，經過西伯利亞的赤塔，經由中俄邊境的滿洲里進入中國境內，連接到哈爾濱，再經由綏芬河出境，連接到太平洋岸的海參崴（符拉迪沃斯托克）。這條鐵路以哈爾濱為中心，呈現T字形，它的南支線，由哈爾濱往南經長春，瀋陽，大連與旅順，亦即後來中國境內南滿洲鐵路，火車便可以經由長春抵達大連港，東清鐵路也取得出海口，也就是今日哈大鐵路。（路線地圖參見P.230）

　　在1905年9月日俄戰爭結束之後，按照日俄簽訂的《朴次茅斯條約》，南支線從

保存於俄羅斯聖彼得堡鐵道博物館，與東清鐵路X-180相同車軸配置的蒸汽機車，1524mm軌距。

長春以南至大連旅順路段735km屬於日本，也就是所謂的「南滿州鐵路」。不過，它原始的軌距是1524mm，也就是所謂俄羅斯寬軌，直到1908年，日本的滿鐵將中國東北境內，從長春以南至大連旅順路段改成1435mm。因此，原始俄羅斯的1524mm蒸汽機車，也在日本統治的滿鐵時期被淘汰，而消失無蹤。

沒想到，在歷經百年之後，2005年3月修建哈大高鐵時，在京哈鐵路距離哈爾濱162公里處，在拉林河大橋下，找到一部東清鐵路X-180蒸汽機車，車軸配置為2-8-0，美國Baldwin 1898年8月製造，共計製造235輛。當時俄羅斯的Hm型，俄文稱為：Хм型(мурманские)，這是目前中國境內僅存的1524mm軌距蒸汽機車。

依據考證，這部火車應該是在1905年以前，中東鐵路的南支線（哈爾濱至旅順）路段營運，但不慎摔落橋下，被河泥所掩埋，如今出土，十分地珍貴。如今該部X-180保存於長春偽滿州國皇宮舊址，東北淪陷史陳列館前，同時，在俄羅斯聖彼得堡的鐵道博物館，也可以找到相同車軸配置的古老蒸汽機車呢！

東清鐵路蒸汽機車，美國Baldwin 1898年8月製造的機車銘版。

這是保存於長春偽滿州國皇宮舊址，車軸配置為2-8-0，東清鐵路X-180的蒸汽機車，1524mm軌距。

3-36 調度運行專用——無火的蒸汽機車

火車沒有火，怎麼還能算是火車？
其實，只要還有一口氣在，就還是火車。

在東北的滿鐵時期，曾經引進無火的蒸汽火車Fireless steam locomotive，這種火車沒有煙囪、沒有燒煤的火箱，但是有儲存高壓蒸氣的鍋爐，透過外接管路來儲存蒸汽，利用這些蒸汽的壓力，來推動火車運行。不過，這種火車只能在調車場站內運行，當成調度機車來使用，因為隨著蒸汽使用耗竭，火車的動力也會消失。所以當壓力降低，得隨時補充蒸汽才行。

過去究竟是甚麼原因，出現這種奇怪的火車？主要是站內運行，精簡人力，不需要火夫，只要一位司機即可操作，當蒸汽用盡，隨時補充即可。然而，當火車動力柴油化，內燃機的調車機出現之後，這種奇怪的火車，自然也就消失了。

這種無火的蒸汽火車，是只有在世界上少數的鐵道博物館，才能看見的珍禽異獸。很幸運的是，在中國的瀋陽鐵路陳列館，還能夠找到唯一的一部無火蒸汽火車，車軸配置為0-4-0，也是滿鐵時期存留的最後一部，這是相當珍貴的鐵道資產。

這是保存於瀋陽鐵路陳列館，車軸配置為0-4-0，無火的蒸汽機車，鍋爐前方透過外接管路來儲存蒸汽。

俄羅斯聖彼得堡鐵道博物館，車軸配置為0-6-0，無火的蒸汽機車。

印度德里鐵道博物館，車軸配置為0-4-0，無火的蒸汽機車。

匈牙利布達佩斯鐵道博物館，車軸配置為0-4-0，另一類型無火的蒸汽機車。

3-37 中國特製外銷或保存的蒸汽機車

鐵道無國界，天涯若比鄰。
中國高鐵可以外銷，這是眾所周知的事，
然而，中國的蒸汽火車，幾十年前早已經外銷，揚眉吐氣！

這些年來，隨著中國鐵道技術的進步，中國的柴油機車，電力機車，乃至於高鐵，外銷其他國家。台灣鐵路也曾購買中國鐵道，調度用機車與相關材料組件，這是近幾年眾所周知的事。然而，中國的蒸汽火車，幾十年前早已經外銷其他國家，展現中國鐵道的實力。

比較知名的兩個例子，一個是為了援助越南，從1965至1975年，由中國唐山機車廠製造，而研發貨運用的ZL自力型蒸汽機車，一共製造65台，這是1000mm軌距蒸汽機車，一直運用到二十一世紀才停用。另外一個例子，在二十世紀末，全球蒸汽機車逐漸停用之際，中國蒸汽機車的生產線還在，成為外國觀光鐵路的採購對象。因此在1989年，由中國大同機車廠製造，外銷到美國愛荷華州的建設型機車JS-8419，如今這部火車依然在美國奔馳。

此外，在中國雲南昆明的鐵路博物館，是中國保存1000mm軌距的火車天堂。這裡不只保存中國境內雲南的米軌火車，也保存中南半島，如越南，寮國，緬甸，泰國相同米軌體系的火車。在這裡可看到的是1948年製造，緬甸所使用的英國製蒸汽機車ST774號。而相同型式的ST759號蒸汽機車，被送到中國鐵道博物館東郊館，由此可見，中國重視鐵道文化的國際交流。

在台灣方面，也有購買中國的蒸汽機車，只是一般人很少知道。在南投縣的集集鎮環鎮鐵道，「慶仁號」和「慶仁二號」兩部蒸汽機車，是由中國常州長江客車集團工礦車輛公司所承製，為762mm軌距，每逢例

台灣集集鎮環鎮鐵道，慶仁二號蒸汽機車，為762mm軌距，噴煙前進試車中。

「復刻版」騰雲號蒸汽機車，在台灣東勢客家文化園區，冒著白煙運轉，神氣活現！1067mm軌距。

假日行駛，為觀光小火車。此外，在東勢客家文化園區的東勢線鐵路，委託大陸杭州廠商打造的復刻版-騰雲號，為1067mm軌距，也是每逢例假日行駛，雖然真正的騰雲號是古蹟不能行駛，但是這部騰雲號蒸汽機車真能復活行走，揚眉吐氣呢！

中國大同機車廠製造，外銷到美國愛荷華州的建設型機
車JS-8419，1435mm軌距。（資料來源：維基百科 英
文版）

中國唐山機車廠製造，援助越南的ZL自力型
蒸汽機車，1000mm軌距。

ST759號蒸汽機車，被送到中國鐵道博物館東郊
館展示，1000mm軌距。

這是1948年製造，緬甸使用英國製蒸汽機車
ST774號，1000mm軌距。

4

中國鐵道的柴油機車

Diesel
Locomotive

斜陽夕照下，內蒙古海拉爾站北端的東風5型柴油機車。

4-1 認識中國鐵道的柴油機車

　　所謂的柴油機車，源自Diesel locomotive，這也是台灣鐵道的普遍說法，但是在中國鐵道，則普遍稱呼內燃機車。

　　1949年解放之後的中國，當時鐵道運輸的主力以蒸汽機車為主，1952年，中國鐵道部四方機車車輛廠，第一部國產解放型蒸汽機車誕生，1956年，第一部國產勝利型蒸汽機車也誕生。無疑地，當時中國已經具備蒸汽機車的研製能力，但尚無能力研製柴油機車，等到局勢逐漸穩定，中國鐵道開始發展鐵路機車動力柴油化。於是研發柴油機車，成為當時鐵路技術重要的指標之一。

　　1950年代的後期，當時因為中蘇友好的關係，1958年，大連機車車輛廠開始仿製前蘇聯的TE3型柴電機車，成功研製了兩台2000匹馬力柴電機車重連，命名為「巨龍型」，這部機車也成為後來東風型柴電機車的前身。

　　其實，在1950年代後期，那個大躍進的年代，中國各大鐵路機車製造廠，掀起生產「內燃機車」的熱潮，研製鐵路機車，變成是一種愛國運動，因此出現群雄爭霸的現象，尤其是先進的內燃機車，包含先行、巨龍、衛星型等皆一一誕生。在1959年10月的十年國慶期間，戚墅堰機車的「先行型」柴油機車，大連機車的「巨龍型」柴油機車，青島四方機車的「衛星型」柴油機車，以及株洲機車的「韶山型」電力機車，四部鐵路機車一同前往北京國慶展出，成為當代中國科技進步的象徵。當時的中國科學院院長郭沫若，親自題詩祝賀。

　　電掣風馳今在眼，巨龍追逐衛星奔。
　　韶山初見星星火，此日已經燎大原。

中國鐵道國產的東風系列，是柴電機車最龐大的體系，機車上面還有鐵道部的標誌。

1959年中國鐵道巨龍型出廠的歷史相片。（中國鐵道博物館 提供）

這首詩裡面點出的巨龍，衛星，韶山，其實都是鐵路機車的名字。不過，這些機車還是在研發階段，屬於過渡時期產物，但是為生產機車積累許多寶貴經驗，後來包含巨龍、先行、衛星、紅星型，都成為歷史名詞。

中國雙管齊下，一邊少量進口，另一邊有系統的研發柴油機車，最後發展出成熟耐用的「北京型」與「東方紅」柴液機車，以及非常成功的「東風」DF系列，產量高達數萬台，成為今日

中國鐵道早期自製的巨龍型，仿製的原型車為前蘇聯的TE3型。俄羅斯聖彼得堡鐵道博物館。

柴電機車最龐大的體系。

如今回顧中國鐵道的柴油機車發展，有兩個主要的類別，柴油液力與柴油電力兩種：柴油液力傳動，台灣稱為（Diesel-Hydraulic Locomotive：DHL）柴液機車，而柴油電力傳動，台灣稱為（Diesel-Electric Locomotive：DEL）柴電機車。

隨著時代進步，1999年以後，柴油引擎驅動三相交流電機驅動交流馬達，VVVF（Variable Voltage Variable Frequency Inverter）交流變頻的柴油機車被發明。和諧型HXN柴油機車出現，以及8軸與12軸超大功率的重連機車誕生，造價低廉，牽引動力強大，性能傲視全球，寫下中國鐵道史上燦爛的一頁。

上海站內運行的東風5型，是中國鐵道經典的調車用機車。

中國鐵道早年研發的東風1型，海南島三亞站北方。（曾翔 攝）

中國鐵道在1960年代，早期研製的紅星型柴油機車。（中國鐵道博物館提供）

4-2 中國鐵道柴油機車的編號規則

中國鐵道柴油機車的編號規則，基本上是分成國產與進口兩個體系，然後再區分柴油液力傳動與柴油電力傳動兩種，這四大類別有其不同的編號方式。

在早年中國鐵道缺乏自製能力的時代，柴油機車仰賴進口，因此，那個時代用英文代號來取名。例如NY是柴油（Y）液力傳動，ND是柴油（D）電力傳動，NJ是交流電（J）變頻控制。機車身兩端與側面，都會標示命名符號與流水號，判別種類並不困難。等中國鐵道吸取國外的經驗，具備自主研製能力，國產柴液機車則改變以「東方紅型」與「北京型」為主要系列名稱。傳統直流電動機驅動的國產柴電機車，則以

東風11型柴油機車，車身兩端與側面都有寫DF11。

「東風型」為名，並加入國際化的英文命名DF。

而新式的交流變頻機車，則以本土與國外技術合作，和諧技術交流創造新局，則以「和諧」為名，並加入國際化的英文命名HX，成為最新的大功率內燃機車HXN和諧內燃系列，與大功率電力機車HXD和諧電力系列，兩者齊頭並進，技術分庭抗禮。中國鐵道柴油機車的編號規則表如下所示。

中國鐵道柴油機車的編號規則表

英文代號	DF	HX	N	Y	D	J
中文涵義	東風	和諧	內燃機車	液力傳動	電力傳動	交流變頻

此外，還有一種柴油機車，不屬於中國鐵道部，屬於地方鐵道工礦專用的柴油機車，稱之為GK工礦型柴油機車：編號GK代表是柴液機車，數目較多，編號GKD代表是柴電機車，數目較少。這類型柴油機車，多數使用Bo-Bo兩軸轉向架，能通過70m的小曲線半徑，適合用於曲線多半徑小的工礦作業區，執行調車作業。此一地方鐵道系列的機車，不在本書的討論範圍內，僅在此簡單說明。

以上，這些編號規則都是1435mm軌距的柴油機車，至於1000mm與762mm軌距體系就比較單純。因為數目較少，所以都是直接命名，而且以低功率的柴液機車居多，例如1000mm軌距的東方紅21型機車，762mm軌距的牡丹江型機車。

早期的東方紅5型柴油機車，車身兩端用中文字寫東方紅(5)。

東風7G型柴油機車，車身兩端用中文寫東風<7>，編號DF7G標示在下面。

最新的世代和諧型柴油機車，車身側面寫上和諧HXn，編號接在後面。

窄軌762mm軌距的牡丹江型機車，機車前面寫著牡丹江三個字。

所謂的 GK工礦型柴油機車，適合用工礦作業區調車。（曾翔 攝）

柴油引擎比蒸汽機效率高，可以產生巨大的馬力。不過，若要將引擎的動能傳動至車輪，為了負荷火車啟動時強大的阻力，則需要巨大的離合器和變速齒輪才能完成，如此機械式的操控，沒有效率可言。所以，鐵路車輛需要一個扭力控制介面來提升效率，透過液力與電力轉換，成為最有效的方式。

所謂柴電機車Diesel-Electric Locomotive，係指鐵路機車裝有柴油引擎，帶動發電機發電，再將電流驅動輪軸上的馬達使機車前進。藉由如此的方式，只要能控制電流的相位與大小，機車的速度與牽引力便容易獲得控制。如此，發電機產生的電力足夠強大，柴電機車便可以獲得極大的馬力。過去柴油引擎都是驅動直流電動機，啟動時需要大扭力，造成磁滯能量損失，轉速與扭力分配不易。最新的科技是利用矽控整流變頻，也就是電力機車的原理，驅動三相交流電機驅動交流馬達，不論轉速與扭力都能大幅提升，和諧內燃型HXN柴油機車即是此類。

所謂的柴液機車Diesel-Hydraulic Locomotive，係指柴油引擎，經由液體變速機（HYDRAULIC TORQUE CONVERTOR）傳動至車軸使車輛前進。利用液壓油的循環，帶動泵輪葉的運轉；並使得車輪速度較慢時，因油壓的作用產生高扭力。它的優點是機車噸位輕，控制速度容易，低轉速仍有高扭力，而缺點是液體變速機的液壓傳動，有其輸出功率的上限。這也是過去台鐵大量使用柴電，而不用柴液機車的原因之一。

4-3 中國鐵道與台灣鐵道的柴油機車之差異比較

　　中國鐵道與台灣鐵道的柴油機車，在專有名詞上即有差異，中國鐵道通稱為內燃機車，台灣鐵道普遍稱柴油機車。嚴格來說，就科學名詞分類而言，前者的正確性比較高，雖然使用高單價的汽油能源，都是極少數，不過，因為有些內燃機車可以改造使用其他能源，例如瓦斯天然氣，使用的燃料不一樣是柴油。

　　中國鐵道的柴油機車，早期雖然仰賴進口，但是後期多數為自主研發。此外，隨著蒸汽火車時代的沒落，轉車台的減少，中國鐵道的柴油機車裝設雙端駕駛座很多，並具備重連運行能力。而台灣鐵道的柴油機車，多為美國進口，與單端駕駛座。不過，中國鐵道不乏與台灣鐵道的柴油機車外型相似者，如東風7G型即是其一。其他中國鐵道與台灣鐵道的柴油機車之差異，詳細如下頁比較表所示。

　　海峽兩岸的柴油機車，不論在質量，數目與種類上，差異都極端懸殊，最大的差別在內需市場不同。1949年起中國有很多鐵道客貨運動力提昇，都仰賴柴油機車，直到現在中國鐵道尚未電氣化路段還很多，中國貨運的成長，也帶動柴油機車在速度與簽引力質與量的需求，自製研發能力極為強大，尤其是VVVF交流變頻超大功率機車出現，這款和諧型HXN柴油機車，台灣並沒有。主因在於台灣鐵路貨運市場的逐步萎縮，與環島鐵路網的電氣化目標，所以台灣柴油機車，隨著非電氣化路段減少，如今除了調車的用途，未來也將逐步失去舞台。

中國鐵道的柴油機車，後期多數為自主研發與雙端駕駛座，如東風4D型。

中國鐵道與台灣鐵道的柴油機車之差異比較表

單　元	中國鐵道	台灣鐵道(台鐵)
主要軌距	1435mm　1000mm　762mm	1067mm　762mm
柴液機車	東方紅　北京型 NY	LDH　DH　DHL
柴電機車	東風型　和諧型 ND　NJ	S系列　R系列
最高速度	170 km/h	110 km/h
進口來源	美國 德國 法國 匈牙利 羅馬尼亞 俄羅斯（仿製）	美國 日本
自製能力	很高	幾無
出口能力	很強	無
車軸配置種類UIC	A1A-A1A Bo-Bo Co-Co Bo-Bo+Bo-Bo Co-Co+Co-Co　Do-Do	A1A-A1A　Bo-Bo　Co-Co

（註）台灣鐵道系列的分類，在此從略，請參閱台灣鐵路火車百科。

台灣鐵道的柴油機車，
多為美國進口與單端駕
駛座，如R100型。

中國鐵道不乏與台灣鐵道的
柴油機車外型相似者，如本
圖東風7G型。

中國國產的柴液機車 Diesel Hydraulic Locomotive　1435mm軌距

4-4 東方紅型柴液機車——Bo-Bo　Co-Co

　　「東方紅」型柴液機車，是中國第一代的柴液機車，可以說是文革時期，中國最有名的鐵道柴油機車。就歷史的角度宏觀思考，《東方紅》原本是一首歌，歌頌中國共產黨、毛澤東的革命歌曲。隨著1966年文革的開始，柴液機車也同時被定名為《東方紅》，1970年，中國第一顆人造衛星升空，其中搭載的儀器演奏歌曲也是《東方紅》，因此東方紅不只是歌曲，還成為那個年代的精神象徵。

　　1970年代，中國鐵道還在成長階段，當時多數鐵路沒有電氣化，而且還在使用蒸汽機車。而東方紅型柴液機車，提供了經濟成長中的中國，精確而且有效率的柴油機車，幾乎是大江南北，都可以見到它，車頭正面還寫上東方紅三個大字。

　　在東方紅機車誕生之前，1950年代末期的中國鐵道，還處於研製機車的實驗階段，當時中國一共研製衛星型、紅星型、飛龍型，三種實驗版的柴液機車。在那個實驗的年代，命名都還沒有系統化。衛星型稱為NY1，（N）代表內燃（Y）代表液力傳動，飛龍

保存於瀋陽鐵路陳列館的東方紅1型柴油機車，注意後方為北京型機車。

保存於中國鐵道博物館的東方紅2型柴油機車，正面寫著「東方紅」三個大字。

型稱為NY2，紅星型甚至定位在工礦和鐵路調車作業，根本沒有NY編號。

　　1959年，青島四方機車車輛廠試製衛星型成功，經過試驗和改進，1966年定型為東方紅1型，並正式投入量產，至1972年累計生產106台。從此，中國柴液機車以東方紅型為系列名稱，從東方紅1型至7型機車的生產，前後橫跨三十個

年頭，而東方紅5型的產量更逼近500部，成為那個年代的主力機車。

多數「東方紅」型柴液機車，車軸配置為Bo-Bo，營運時速穩定維持為80公里；東方紅3型最快，營運時速可達120公里。而極少數實驗性質的車輛，車軸配置則是Co-Co，例如東方紅4型與東方紅6型，但是製造數目非常地少。

2000年以後，東方紅機車已經陸續被淘汰，被放到中國鐵道博物館與瀋陽鐵路陳列館保存。雖然，東方紅型柴油機車不再營運，它仍然是那個年代的重要記憶，成就其開路先鋒不朽的歷史地位。

昔日天津站的東方紅5號柴油機車。（曾翔 攝）

保存於中國鐵道博物館的東方紅5型柴油機車，產量逼近500部，成為數目最多的東方紅機車。

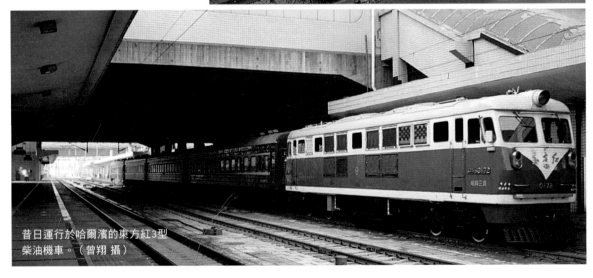

昔日運行於哈爾濱的東方紅3型柴油機車。（曾翔 攝）

東方紅型柴液機車的資料表

車輛名稱(別稱)	製造年代(西元年)	車軸配置UIC	營運速度 (km/h)	引擎功率 (KW)	製造車廠	生產數目
NY1衛星型 (東方紅1型)	1959-1973	Bo-Bo	120	1220	四方機車車輛廠	107
紅星型	1964-1966	Bo-Bo	73	600	四方機車車輛廠	18
NY2 飛龍型 (東方紅2型)	1960	Bo-Bo	100	1470	大連機車車輛廠	1
東方紅2型	1971-1975	Bo-Bo	62	650	資陽內燃機車廠	50
東方紅3型	1971-1989	Bo-Bo	120	1460	四方機車車輛廠	263
東方紅4型	1969	Co-Co	160	3675	四方機車車輛廠	1
	1971-1974	Co-Co	140	3309	戚墅堰機車車輛廠	2
	1975-1981	Co-Co	100	3309	資陽內燃機車廠	3
東方紅5型	1976-1996	Bo-Bo	80	790	資陽內燃機車廠	>480
東方紅5B型	1985	Bo-Bo	80	920	資陽內燃機車廠	20
東方紅5C型	1985	Bo-Bo	80	920	資陽內燃機車廠	6
東方紅6型	1981	Co-Co	90	1740	資陽內燃機車廠	1
東方紅7型	1988-1991	Bo-Bo	80	790	資陽內燃機車廠	15

保存於瀋陽鐵路陳列館的東方紅3型柴油機車，營運時速最快可達120公里，是產量次多的東方紅型機車。

4-5 北京型柴液機車——Bo-Bo Bo-Bo+Bo-Bo

「北京型」柴液機車，是繼東方紅型柴液機車之後，中國第二代的柴液機車，也是中國研製大功率柴油引擎的開始。

1965年起，中國先後研製了12V180ZJ、16V240ZJ、16V200ZJ、12V240ZJ等四種柴油引擎，以6000匹馬力為目標的內燃機車，委由北京二七機車車輛工廠、鐵道部鐵道科學研究院聯合研製。1970年，中國完成試製了第一台6000匹馬力的大功率柴液機車，正式命名為北京型，車號6001的試驗車。

當時北京型6001號機車，採用雙機結構，裝用兩台12V240ZJ型柴油機和液體變速機傳動，車軸配置Do-Do八軸，成為世界上單節功率最大的一部柴液機車。不過，這樣的車軸配置，有其實用上的缺點，後續為了轉彎半徑的問題，北京型量產車的車軸配置，還是以Bo-Bo四軸為主，引擎也下降至3000匹馬力。

不過，北京型依照客貨運機車的需求，傳動齒輪減速比而有所不同，客運型機車時速120公里而牽引力較低，貨運型機車時速80公里但牽引力較高。後來1986年還出現八軸客運，Bo-

保存於中國鐵道博物館的北京型3003柴油機車。

北京型柴油機車的正面，以北京天安門廣場為標誌。

Bo+Bo-Bo兩部機車固定連結的北京型專運型，速度與牽引力都不錯，實現當年6000匹馬力，時速120公里的內燃機車目標。此外，北京型是中國最早的口岸型的機車，本書後面單元有詳細介紹。

相較於同時期的東方紅3型柴液機車，車頭寫上東方紅三個大字，北京型柴油機車的正面，則以北京天安門廣場為標誌，兩者都是1971年誕生，都賦予其時代的意義。二十年後北京型柴油機車停產，至1990年累計生產了374台，如今停用之後，陸續放到中國鐵道博物館與瀋陽鐵路陳列館保存，以首都之名榮耀四方，成就其不朽的歷史地位。

北京型柴液機車的資料表

車輛名稱(別稱)	製造年代(西元年)	車軸配置UIC	營運速度(km/h)	引擎功率(KW)	製造車廠	生產數目
北京型6001(八軸貨運)	1970	Do-Do	100	4416(6000hp)	北京二七機車廠	1
北京型 客運型(四軸客運)	1971-1990	Bo-Bo	120	2208(3000hp)	北京二七機車廠	341
北京型 貨運型(四軸貨運)	1982	Bo-Bo	90	2208(3000hp)	北京二七機車廠	4
北京型 專運型(八軸客運)	1986-1990	Bo-Bo+Bo-Bo	120	4416(6000hp)	北京二七機車廠	6組
北京型 口岸型	1986-1989	Bo-Bo	90	1840(2500hp)	北京二七機車廠	16

北京型柴油機車在漯河站，牽引漯阜線鐵路的普快車。（曾翔 攝）

1970年北京二七機車廠的製造銘版。

北京型柴油機車的雙軸轉向架特寫。

4-6 德國製的NY5型柴液機車——Co-Co

　　西元1966年，正當中國研製東方紅1型機車，並正式投入量產，但是同一時期，中國也積極從外國吸取技術經驗，進口優良的柴液機車。當時中國看上了西德，是當時世界上研製液力傳動柴油機車，技術最優秀的國家。而德國Henschel亨舍爾公司，更是以製造虎式坦克Tiger聞名全世界，柴油引擎的技術無非是世界翹楚。於是1966-1967年，由西德Henschel公司製造四部柴液機車，首次來到中國，並命名為NY5型。

　　這四部NY5型柴液機車，當時裝用兩部1700匹馬力引擎，有兩套動力傳動設備，總計3400匹馬力（2940KW）的功率，可發揮160公里的速度，成為當時最快速的機車。

1967年5月，從北京至瀋陽的客運運行時間為8小時50分鐘，全程平均運行速度達100公里，傑出表現令人驚嘆！

　　不過有趣的是，NY5型車軸配置為Co-Co，其車軸配置與外型均參考西德DB V320型柴油機車，然而，當時西德境內這款火車卻尚未成熟，並未量產，NY5型成為一個很特別的輸出實例。也因為該型火車的成功，後續NY6與NY7也陸續被引進，尤其這批德國柴油火車從NY5、NY6到NY7，特別以不鏽鋼鑄製作鐵道部的標誌，即使已經退役，宛若中國鐵道的賓士汽車，依然閃閃發亮。

　　在德國研製中國NY5型柴液機車之際，同時期東德研製的DR V130-V132型柴油機

保存於中國鐵道博物館，德國亨舍爾製造的NY5型0003柴油機車。

車，反而成為車軸配置 Co-Co發展成熟的柴電機車，在鐵幕世界被廣泛使用。因此，許多德國朋友來到中國旅遊，總是對於NY型情有獨鍾，因為它是鐵幕時代德國科學技術的重要縮影。如今德國亨舍爾的NY5型0003柴油機車，典藏於中國鐵道博物館東郊館。

德國製的NY5型柴液機車的資料表

車輛名稱(別稱)	製造年代 (西元年)	車軸配置 UIC	營運速度 (km/h)	引擎功率 (KW)	製造車廠	生產數目
NY5	1967年	Co-Co	160客運 120貨運	2940	德國Henschel DB V320型	4

德國製的NY5型柴液機車，其軸配置與外型均參考德國V320柴油機車。（筆者的交通科學技術博物館模型）

這批德國柴油火車，以不鏽鋼鑄製作鐵道部的標誌，宛若中國鐵道的賓士汽車。

德國研製中國NY6型柴液機車的同時，同時期東德研製成功的V132型柴油機車。（筆者的交通科學技術博物館模型）

4-7 德國製的NY6與NY7型柴液機車——Co-Co

由於NY5型柴液機車的表現不俗，1972年，中國繼續從德國引進後續兩款NY系列的柴油機車。包含10部NY6型，以及20部NY7型，這30部柴油機車成為當時最好的機車，不少部機車也被編入「專運機車」（註）。兩者除了裝用的柴油引擎和配件不同之外，機車的外觀均為相同。

中國NY系列的柴油機車外型圓潤美觀，乃參考德國V160系列機車，然而中國的NY系列車軸配置是 Co-Co，比V160系列的Bo-Bo更強而有力，身形更加修長，實在有青出於藍的架勢。

NY6型柴液機車，裝用功率為2×2300馬力引擎（3160KW），而NY7型柴液機車，裝用功率更高，為2×2700馬力引擎（3680KW），速度與牽引力都很不錯，營運速度120公里。在1980年代，NY6、NY7型機車，主要用於牽引京包鐵路（北京至包頭）的旅客列車，尤其在京張鐵路的之字形路段 Switch back，南口至青龍橋的關溝段，坡度高達33%，柴油機車奮力爬山的景觀，成為昔日外國朋友拍攝京張鐵路的經典印象。

此外，當時NY7型機車長期配屬北京機務段，一直是牽引3/4次國際聯運列車（北京—烏蘭巴托—莫斯科），西伯利亞鐵路中國路段的本務機車，並且維持了20多年。直到2004年9月8日，隨著K3/4次國際列車轉交南口機務段，NY7型機車牽引國際列車的歷史正式結束，在不捨的歎息聲中，不得不步下了舞台。

如今這一批流著德意志血統的優秀機車，NY6型0007與0009保存於中國鐵道博物館，在那個輝煌的時代，NY系列的柴油機車，無疑地寫下不朽的驚嘆號。

保存於中國鐵道博物館的NY6型0009柴油機車。

德國製NY6與NY7型柴液機車的資料表

車輛名稱(別稱)	製造年代 (西元年)	車軸配置 UIC	營運速度 (km/h)	引擎功率 (KW)	製造車廠	生產數目
NY6	1972年	Co-Co	120	3160	德國Henschel DB V160	10
NY7	1972年	Co-Co	120	3680	德國Henschel DB V160	20

德國鐵路Ｖ160系列機車，後期變成Ｖ218型柴油機車，其圓潤的外型是中國NY6型柴油機車的設計來源。與下圖對照。

昔日在北京運行中NY7柴油機車，牽引北京-烏蘭巴托—莫斯科的國際列車。（曾翔 攝）

（註）所謂的專運機車，係指中華人民共和國鐵道部專運處使用，擔當國家領導人、外國貴賓的專列牽引任務，責任重大，多為性能傑出之佼佼者。

中國國產的柴電機車 Diesel Electric Locomotive　1435mm軌距

4-8 早期中國自主研發的柴電機車
──Co-Co　Co-Co+Co-Co

　　1949年新中國誕生之後，中國鐵路機車的動力，不停地朝向自主化發展，首先1952年，中國可以自製解放型與勝利型機車，1957年成功研製出國產解放型蒸汽機車。然而，中國鐵道並未以此而自滿，在1950年代後期，中國開始發展鐵路動力柴油化。

　　在那個大躍進的年代，中國掀起生產「內燃機車」的熱潮，研製鐵路機車變成是一種愛國運動，於是出現群雄爭霸的現象。包含衛星、紅星、飛龍、巨龍、先行、建設型機車，一一誕生。如前面所述，衛星型、紅星型、飛龍型，是實驗版的「柴液機車」，而巨龍型、先行型、建設型，則是實

驗版的「柴電機車」，這些自主研發的機車族群，成為中國第一代的柴電機車。

　　1958年，當時因為中蘇之間友好的關係，大連機車車輛廠仿製前蘇聯的TE3型柴電機車，成功研製了兩台2000匹馬力柴電機車二重連，命名為「巨龍型」。同一時期，戚墅堰機車廠的「先行型」柴電機車，北京二七機車廠的「建設型」柴電機車，雖然都只有一部，成為當代中國鐵道科技進步的象徵。

　　巨龍型早年稱為ND型，顧名思義，即是內燃（N）電力（D），與NY有所區隔。隨著時代進步，中國將柴電機車ND定名為

保存於中國鐵道博物館的東風1型DF-1301柴電機車。

東風型DF系列，1964年投入量產，以巨龍型為藍本，車軸配置為Co-Co，即是東風1型機車，俗稱東風型機車。

東風1型機車其外型圓滑，性能優異，最高營運時速100公里，產量超過700台，遠超過同一時期的東方紅與北京型柴液機車。在那個年代，這個柴電ND與柴液NY機車的競賽，很快地就分出勝負，也奠定了中國鐵道以發展柴電機車為主軸的政策。

後來，1964年研製的東風2型機車，與東風1型機車外型不同，車身外部有檢修通道，外觀比較接近ND3型。而東風3型機車為客運型，主要是將營運時速提升至120公里，速度加快牽引力稍差，外觀與東風1型機車外型相同。往後的歲月，大連機車車輛廠、戚墅堰機車車輛廠、成都機車車輛廠、大同機車廠，都有生產東風型柴電機車，總產量超過930台，運行足跡遍及中國。從此，東風1至3型柴電機車，寫下中國自主研發的柴電機車不朽的史頁。

直到2015年底為止，這些早期的柴電機車，並未完全淘汰，在深圳市韶峰水泥公司，還依然在使用東風型DF2207號。

昔日牽引貨運列車，運行中的東風1型柴電機車。

東風2型機車的形式照。（中國鐵道博物館 提供）

昔日東風2型柴油機車。（曾翔 攝）

德國製NY6與NY7型柴液機車的資料表

車輛名稱(別稱)	製造年代(西元年)	車軸配置UIC	營運速度(km/h)	引擎功率(KW)	製造車廠	生產數目
建設型	1958	Bo-Bo	85	441	北京二七機車廠	1
先行型	1958	Co-Co	125	1471	戚墅堰機車車輛廠	1
巨龍型、ND型	1958	Co-Co+ Co-Co	100	2944(4000hp)	大連機車車輛廠	1
東風1型DF	1958-1973	Co-Co	100	1472(2000hp)	大連機車車輛廠 戚墅堰機車車輛廠 成都機車車輛廠 大同機車廠	706
東風2型DF2(ND2型)	1964-1974	Co-Co	95	650	戚墅堰機車車輛廠	148
東風3型DF3客運型	1969-1974	Co-Co	120	1050	大連機車車輛廠	226

中國巨龍型的原型車，前蘇聯時代所生產的TE3型。（拉脫維亞 里加的鐵道博物館）

西元1958年巨龍型機車出廠的形式照。（中國鐵道博物館 提供）

深圳市的韶峰水泥公司，在紅色東風5型機車後面，就是仍在使用的東風DF2207號。

4-9 DF4東風4型柴電機車——Co-Co

如果說中國鐵道史上，要選出一款柴油機車，成為改變歷史的巨獻，科技進步的標竿，無疑地，多數人都會不約而同地想到，就是東風4型柴電機車。因為從東風4型開始，中國鐵道開始大量生產國產機車，不再仰賴進口，從此找到自主研發的品質自信心，往後東風4型各個系列，合計生產將近萬台的數量！

從1960年代起，世界上大功率的柴油機車，已經出現採用柴油引擎─交流發電─直流電動機傳動的發展趨勢。1964年，鐵道部下達研製第二代國產柴油機車的任務：亦即柴油引擎驅動交流同步發電機，發出三相交流電，透過矽二極體組成的三相橋式整流器，控制直流電輸送給六

台並聯的直流馬達，帶動齒輪軸箱來驅動機車。於是從1969年起，大連機車車輛工廠開始研發，裝配4000匹馬力引擎，車軸配置為Co-Co，製成第一台東風4型柴油機車，車號為2001。這是東風4型柴電機車的誕生。

這一批東風4型柴電機車，後來有人簡稱為東風4A型，經過不停地改進與修正，技術逐步成熟。截至1986年生產結束以前，共生產了31台客運型，與812台貨運型柴電機車，包含東風4型編號2001～2031（客運型），0001～0770（貨運型），3001～3042（貨運型）。後來這一批機車，被修改成性能更佳的東風4B型，原始的東風4型卻保存很少，如今最早的第一部，東風4型0001柴電機車，保存於中國鐵道博物館。

DF4東風4型柴電機車的資料表

車輛名稱(別稱)	製造年代(西元年)	車軸配置UIC	營運速度(km/h)	引擎功率(KW)	製造車廠	生產數目
東風4型DF4	1969-1986	Co-Co	100（貨運型）120（客運型）	2650（4000hp）	大連機車車輛廠	812 31

保存於中國鐵道博物館的東風4型0001柴電機車。

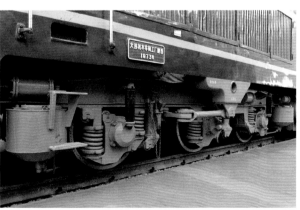

東風4型0001柴電機車，車軸配置為Co-Co的三動軸轉向架。

4-10 DF4B-DF4C 東風4B-4C型柴電機車
──Co-Co A1A-A1A

　　所謂的東風4B與東風4C型柴電機車，都是從前面東風4型改進的衍生車款，所以東風4B與東風4C型機車，不會在車輛前方編上BC。而且車號在DF4沒有加上B或C，基本上從外觀也看不出差異，造成極大識別的困擾。不過，仍然可以從它的編號，還有外型與塗裝去區隔。

東風4B型（3600）貨運型柴油機車，海南島海口站。

　　基本上，1984年以前生產的東風4型機車，絕大部分在返廠大修時，逐步被改造成東風4B型，包含更換柴油引擎、切控閥、渦輪增壓器等部件，更改齒輪傳動比，以進行客運型或貨運型的改造，但是速度不變。貨運型為時速100公里，客運型為時速120公里。

　　1984年，東風4B型機車開始量產，包含大連機車車輛廠，資陽內燃機車廠、大同機車廠及四方機車車輛廠，都曾經生產東風4B型機車，累計產量達到4591台，遍布所有鐵路局，成為中國鐵道史上，產量最大、運用最廣泛、技術最成熟的柴電機車車型。由於它的普遍性，大江南北耳熟能詳，所以東風4B型機車，依照它的外觀顏色，中國人民還暱稱它為西瓜，南瓜，橘子呢！

東風4C型（0020）客運型柴油機車，北京站。

東風4B貨運型，DF4B 9008柴油機車，這個塗裝暱稱為「西瓜」。

1990年，東風4C型機車開始生產，總共生產了845台，其中大連廠製造465台（車號4001～4465）；資陽廠生產333台貨運型（車號5004～5273；5276～5335）；大同廠製造40台（車號0001～0040）；四方機車車輛廠生產6台（車號2001～2006）。除了第一部4001東風4C型機車以外，量產的東風4C型與4B型機車的主要外觀差別，就是車體圓弧的線條變得方正，原本圓滑的車頂，變成蓋了方帽子。

比較特別的是，中國鐵道進入準高速的時代，因此在1999年，東風4C客運型DF4 5274～5275，這兩部柴油機車更改了齒輪減速比，車軸配置改成A1A-A1A，使其可以發揮時速160公里準高速的性能，不過並未量產。

DF4東風4型4B-4C柴電機車的資料表

車輛名稱(別稱)	製造年代 （西元年）	車軸配置 UIC	營運速度 (km/h)	引擎功率 (KW)	製造車廠	生產數目
東風4B型DF4B	1984	Co-Co	100（貨運型） 120（客運型）	2650	大連機車車輛廠 資陽機車廠 大同機車廠 四方機車車輛廠	4591
東風4C型DF4C	1985-1999	Co-Co	100（貨運型） 120（客運型）	2650	大連機車車輛廠 資陽機車廠 大同機車廠 四方機車車輛廠	845
東風4C准高速客運型	1999	A1A-A1A	160	2650	資陽機車廠	2

保存於中國鐵道博物館的東風4C型，第一部4001柴電機車。

保存於瀋陽鐵路陳列館的東風4C型5331柴電機車。東風4C型的機車外觀，就是車頂變成蓋了方帽子，圓弧的線條變得方正。

廣深鐵路的東風4B客運型，DF4B柴油機車，這個塗裝暱稱為「橘子」。

4-11 DF4D-DF4E 東風4D-4E型柴電機車
──Co-Co　Co-Co+Co-Co

1990年代，中國的國民所得，已經大幅提升，鐵道的運輸需求，從過往以貨運為主客運為輔，變成客貨運兩者並重。因此需要一種新的柴油機車，具備貨運用的大牽引力，客運用的高速性能，機車提速兼顧客貨兩用的時代，已經正式來臨。

因此，由大連機車車輛廠研發，在東風4B型、東風4C型機車基礎上，設計製造一款新的交流發電─直流傳動的柴電機車，引擎功率提升至2940KW，速度可達145公里，車軸配置為Co-Co，車型代號DF4D。此外，從東風4D開始，機車的種類，會寫在車輛前方編號DF4D。不同於前面東風4型、東風4B型與東風4C型，因為BC編號不明，造成識別上的困擾。

東風4D型柴電機車發展非常地成功，後續研製體系非常地多，包括：東風4D提速型、東風4DK准高速型（3000系）、東風4DF發電型（提供客車空調電源）、東風4DH貨運型（4000系）、東風4DD調車型、東風4D徑向轉向架型（7000系）、東風4DJ交流電傳動型，形成東風4D型機車系列，不同用途的版

在內蒙古牽引客車，從齊齊哈爾至海拉爾的東風4DK准高速型，速度可以提升到170公里，機車外觀與4D型有很大的差異。

本。因為它的性能好，保養容易，價格又低廉，從1996年起開始大量外銷，包含伊朗、北朝鮮、蒙古、巴基斯坦等國，都有向中國購買東風4D型柴電機車，中國從此躍入鐵道技術輸出大國。

除了東風4D提速型，速度可以提升到145公里，東風4DK准高速型速度提升到170公里，而徑向轉向架型，是指為適應山區小半徑曲線鐵路，裝置自導向徑向轉向架，以增加曲線通過能力，減少磨耗。東風4DD型是中國最大型的調車機車，在中國最後鐵道輪渡的海南島，還可以看到東風DF4DD型柴電機車，擔任牽引火車上船的調車機，非常地特別。

在這批東風4D系列的車輛中，最特別的是東風4DJ型柴電機車，J代表交流電，也就是最早試做的可變頻率VVVF（Variable Voltage Variable Frequency Inverter）的柴電機車，透過交流電驅動變頻馬達，可有效控制車輪的轉速與扭距。當時在2000年，中國鐵道大連機車車輛廠與德國西門子公司合作，研發這種新世代的柴電機車，然而只有試做了兩部，計畫便告終止，取而代之的是後來大量出現的和諧HXN系列。如今東風4DJ型0001首部試做車，保存於中國鐵道博物館。

此外，東風4E型機車是一個新的型號，車軸配置為Co-Co+Co-Co，不同於東風4D型Co-Co。在1994年由四方機車車輛廠，還研製出12軸二重連版本的東風4E型機車，數目更高達16部。不過，隨著後來東風8B型等高性能機車的出現，取代了東風4E型機車的功能，2002年起，所有東風4E型機車，都改造為普通單節的東風4B型機車。

東風4系列的柴油機車，從B至E猶如一陣旋風，為中國鐵道的發展，留下了可長可久的歷史貢獻，截至2015年，即使中國進入高鐵世紀已經多年，東風4系列柴電機車，依然在全國各地的鐵道奔馳呢！

DF4東風4型4D-4E柴電機車的資料表

車輛名稱(別稱)	製造年代 (西元年)	車軸配置 UIC	營運速度 (km/h)	引擎功率 (KW)	製造車廠	生產數目
東風4D提速型DF4D	1996-2003	Co-Co	145	2940	大連機車車輛廠	584
東風4D貨運型DF4D(H)	1998-	Co-Co	100	2940	大連機車車輛廠	322
東風4DF發電型DF4DF	1999-2004	Co-Co	120	2940	大連機車車輛廠	25
東風4D准高速型DF4DK	1999-2007	Co-Co	170	2980	大連機車車輛廠	340
東風4DD調車型 DF4DD	1999-	Co-Co	80	3180	大連機車車輛廠	238
東風4DJ交流型DF4DJ	2000	Co-Co	120	2510	大連機車車輛廠 德國西門子公司	2
東風4D徑向型 DF4D	2000-2006	Co-Co	120	2425	大連機車車輛廠	21
東風4E重連型DF4E	1994-1997	Co-Co+ Co-Co	100	4860 (2×2430)	四方機車車輛廠	16

在北京站牽引客車，前往上海的東風4D提速型，速度可以提升到145公里。

在海南島海口站，負責鐵道輪渡的牽引機，東風DF4DD調車型柴電機車。

東風4DJ型0001首部試做車，保存於中國鐵道博物館東郊館。

東風4DJ型0001，2000年大連機車車輛廠與德國西門子合作的銘版。

4-12 DF5東風5型柴電機車——Co-Co

東風5型柴油機車，相較於東風4型的陣容龐大，是一個比較稀少的系列。東風5型主要是用於調車作業用機車，適用於編組站和車站內進行調車作業，也可作為礦廠內運輸作業的牽引機。不同於前面幾款柴電機車，以高速大功率為目標，東風5型的引擎功率較低，速度也以80公里為基準。

1976年，唐山機車車輛廠正在生產東風5型柴油機車。就在此時，1976年7月28日凌晨，發生了震驚中外的唐山大地震，廠房幾乎被夷為平地，1700多名職工罹難。在當時的環境下，唐山機車車輛廠在震後不到兩個月，東風5型機車便於1976年9月出廠，成為震災廢墟中修復的第一台機車，取名為「抗震號」，這個故事感動許多人。後續該款機車研製不停地改進，機車外型也有所差異，總產量高達1100多台，難以想像它的誕生背景，竟是如此地艱辛坎坷！

東風5型機車後來還有生產若干衍生車款，例如DF-5B與DF-5BG型（G代表改進版），行車速度有提升到80-100公里，成為調車與幹線兩用機車，例如在遼寧

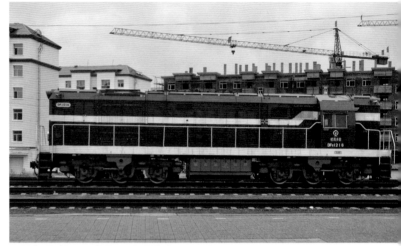

內蒙古鐵道的DF5東風5型柴電機車，根河站。

保存於中國鐵道博物館的東風5型0007柴電機車，即是1976年唐山大地震時期所生產。

省的調兵山鐵煤集團，即可看見此款車。但是都不如原來的版本東風5型產量高，後續也有幾部東風5型被製成口岸型機車，後面口岸型的單元會詳細介紹。東風5型柴電機車，無疑地成為中國調車機車的經典品牌。

東風5型柴油機車有紅色和藍色兩種版本，其V字形線條，與台鐵過去的柴電機車頗有神似，因此該款柴電機車，令台灣民眾眼睛為之一亮。而1999年，東風5D型柴油機車正式出廠，其紅色的車身，環繞的藍線，與其他同型的機車顏色不同，別有一番特色。

DF5東風5型柴電機車的資料表

車輛名稱(別稱)	製造年代 (西元年)	車軸配置 UIC	營運速度 (km/h)	引擎功率 (KW)	製造車廠	生產數目
東風5型DF5	1976-2006	Co-Co	80	1320	唐山機車車輛廠 大連機車車輛廠 四方機車車輛廠	1146
東風5B型DF5B	1996-	Co-Co	100	1500	大連機車車輛廠	60
東風5BG型DF5BG	1999-	Co-Co	100	1500	大連機車車輛廠	-
東風5D型DF5D	1999-	Co-Co	80	1200	大連機車車輛廠	180

東風5型的藍色與V型線條,與台鐵過去的柴電機車頗有神似,海拉爾站。

東風5D型柴油機車,其紅色的車身與藍色線條,別有一番特色。

東風5型機車的紅色版,深圳站。

東風5B型柴油機車,行車速度有提升到100公里,遼寧省的調兵山站。

4-13 DF6東風6型柴電機車——Co-Co

　　1985年，中國鐵道部從美國 GE奇異公司購買ND5型機車，以技術貿易合作方式，引進GE機車傳動裝置的專利技術。1989年由大連機車車輛廠，以東風4型系列機車為基礎，引進GE技術研製，成為東風6型機車。其經濟性、可靠性，以及車輪粘著性能等，皆較東風4型機車為高。

　　因此，東風6型DF-6柴油機車，其原始設計是從東風4D型的基礎改良而來，外觀差異不大。1989年其初始目標，是設計大功率貨運用內燃機車，不過只製造4台，尚未大量生產。

　　然而，1989年剛好發生六四天安門事件，西方國家以美國為首，對中國實施經濟制裁，相關GE機車傳動裝置等專利技術，也遭到了限制，這也使得東風6型DF-6柴油機車的後續研發，受到很大的影響，只有生產4台就宣布終止。東風6型只有4台，成為64數字的巧合，如今只保存一部DF6東風6型0003柴電機車，在瀋陽鐵路陳列館。

DF6東風6型柴電機車的資料表

車輛名稱(別稱)	製造年代 (西元年)	車軸配置 UIC	營運速度 (km/h)	引擎功率 (KW)	製造車廠	生產數目
東風6型DF6	1989	Co-Co	118	2425	大連機車車輛廠	4

保存於瀋陽鐵路陳列館，DF6東風6型0003柴電機車，注意其外型與後方DF4C型柴電機車的差異不大。

4-14 DF7東風7型柴電機車──Co-Co

東風7型柴油機車DF7，主要用途是調車作業用機車，適用於編組站和車站內進行調車作業，其功能角色與東風5型相類似。

不過，東風5型的研製，以唐山機車車輛廠與大連機車車輛廠為主，速度也以80公里為基準。而東風7型柴油機車，則是性能提升版，由北京二七機車廠所研製，機車的引擎功率較高，營運速度也來到100公里，成為調車與幹線兩用的多用途機車。由於此款柴油機車，是由北京二七機車廠所生產，所以早期該批機車前方還有天安門標誌為其特徵，與北京型相同。

基本上，東風7型與東風4型柴油機車一樣，其系列的車款相當地多，多數機車是以車軸配置Co-Co六軸，時速100公里為標準，但是隨著世代的差距，機車外型的差異極大。比較特別的是東風7D型機車，為滿足山區鐵路和高寒地區鐵路，而特別研製的幹線用貨運機車，車軸配置Co-Co+Co-Co十二軸，體型十分地巨大。

隨著青藏鐵路通車，東風7G高原型也隨之問世，是專門行駛於高原地區缺氧環境的調車機車，

東風7型DF7柴電機車，車軸配置為Co-Co。

屬於齊齊哈爾機務段，橘色的東風7B型柴電機車，注意機車前面有通道門。

在拉薩車站可以見到。此外，東風7型主要用途是調車作業，與東風5型的角色類似，所以被製成口岸型機車，在滿洲里機務段，可以牽引俄羅斯的寬軌貨車，後面的單元會詳細介紹。

最後，東風7型最特別的一部是DF7J，J代表交流電傳動，該車採用了株洲電力機車研究所研製的IGBT變頻器（VVVF），成為次一世代的交流變頻柴電機車，其研發角色與東風DF4DJ一樣，都是數目極少的試做車，如今保存一部DF7J0007於中國鐵道博物館。

DF7東風7型柴電機車的資料表

車輛名稱(別稱)	製造年代(西元年)	車軸配置 UIC	營運速度 (km/h)	引擎功率 (KW)	製造車廠	生產數目
東風7型 DF7	1982-1990	Co-Co	100	1470	北京二七機車廠	295
東風7B型 DF7B	1990-1998	Co-Co	100	1840	北京二七機車廠	215
東風7C型 DF7C DF7C1 DF7C2	1991-	Co-Co	100	1470 1840 1470	北京二七機車廠	819
東風7D型 DF7D	1995-1998	Co-Co+ Co-Co	100	1470	北京二七機車廠	214
東風7E型 DF7E	1998	Co-Co	100	2200	北京二七機車廠	2
東風7F型 DF7F	2000	Co-Co	100	2650	北京二七機車廠	2
東風7G型普通型 DF7G	2003-	Co-Co	100	2200	北京二七機車廠 四方機車車輛廠 戚墅堰機車車輛廠	339
東風7G高原型 DF7G	2006-	Co-Co	100	2940	北京二七機車廠	3
東風7J型 DF7J	2004	Co-Co	100	2200	北京二七機車廠	1

北京站外，藍色的東風7型DF7柴電機車。

東風7D型DF7D，機車前方有天安門標誌，廣西金城江站。（曾翔 攝）

滿洲里機務段運行的東風7C型，寬軌版口岸型機車，連結器亦做變更，可牽引俄羅斯貨車。

典藏於中國鐵道博物館，東風7J型0007柴電機車。

東風7G型柴油機車普通型5001 5003 5004
三重連編組，進行貨車調度作業。

保存於中國鐵道博物館的東風7D型0001，雙組
二重連柴電機車。

4-15 DF8東風8型柴電機車——Co-Co

東風8型柴油機車DF8，是中國鐵路研發第三代的柴油機車。這款柴油機車首次使用4500匹馬力以上的大功率柴油引擎，主要是由鐵道部戚墅堰機車車輛廠設計製造，也是中國第一種採用16V280系列柴油的大功率柴油機車，也是第一款半流線形柴油機車。

所謂的16V280，係指V型16氣缸、280mm缸徑的大功率柴油引擎，能輸出4500匹馬力（3310KW），機車速度與牽引力兩者兼具。原型車駕駛室的擋風玻璃呈半流線形，後續生產的系列，量產車和原型車略有不同，以DF8B最多，數目高達1100多部，仍是以車軸配置Co-Co六軸，時速100公里為標準。

由於東風8型柴油機車，成為中國第一種裝用16V280大功率引擎的柴油機車，從此造車技術進入另一個世代，對中國柴油機車的發展，有深遠影響。後續發展包括東風8B型貨運用機車、東風9型準高速機

保存於中國鐵道博物館的第一部DF8型0001柴電機車。駕駛室的擋風玻璃呈後傾的角度，比先前的柴電機車為大。

東風8型量產型則恢復正常。

DF8東風8型柴電機車的資料表

車輛名稱(別稱)	製造年代 (西元年)	車軸配置 UIC	營運速度 (km/h)	引擎功率 (KW)	製造車廠	生產數目
東風8型 DF8	1984-1990	Co-Co	100	3310	戚墅堰機車車輛廠	141
東風8B型 DF8B	1997-	Co-Co	100	3100	戚墅堰機車車輛廠 資陽機車廠	1016
東8D型 DF8D	2000、2008	Co-Co	100	3320	大連機車車輛廠	4
東風8BJ型「西部之光」 (NJ2型)DF8BJ	2002	Co-Co	120	4000	資陽機車廠	1
東風8CJ型 「霞光」DF8CJ	2002	Co-Co	120	4410	戚墅堰機車車輛廠	3
東風8DJ型 (DF8B 5672) DF8DJ	2003	Co-Co	120	4800	資陽機車廠	1

車、東風11型準高速客運機車、東風11G型準高速機車等，都是使用16V280/285型系列柴油引擎，無形中也讓東風4E型等舊型機車，提早謝幕。

2002年10月底，東風8B型高原型柴油機車首批研製成功，被命名為「雪域神舟」。2003年初，DF8B9001和9002「雪域神舟」號機車在青藏鐵路進行高原性能試驗成功，原本有希望成為青藏鐵路用的機車，只可惜最後中國決定向美國購買NJ2型機車，成為本型機車最大的遺憾。2010年8月初，首部東風8型0001柴電機車，被送進北京的中國鐵道博物館保存與展示。

東風8B可利用側邊壓鐵改變軸重23噸或25噸，次調整牽引力。本圖為東風8型機車。

運行中的東風8B型DF8B柴電機車。

4-16 DF9東風9型柴電機車——Co-Co

1990年代，中國的鐵道運輸需求愈見成長，為了增加繁忙幹線的客運能力，機車提速的時代正式來臨。當時的基本目標以北京為中心、1500公里為半徑，幹線最高速度140公里，運行時間不超過15小時，相當於北京到上海、哈爾濱、西安、長沙的距離，都可以完成「朝發夕至」或「夕發朝至」，為此必須研製新型客運用大功率引擎的准高速機車，以牽引特快型旅客列車。

1991年，東風9型柴油機車，由戚墅堰機車車輛廠研製成功。不過，東風9型機車是為研究5000匹馬力引擎，客運柴油機車的實驗性產品，雖然僅僅試製兩台並未投入量產，卻是中國第一種最高運行速度達到160公里的柴油機車。後來，1993年戚墅堰機車車輛廠，在東風9型機車的基礎上改進提升，成功研製了東風11型准高速客運機車，完成中國鐵路客運大提速的目標。

DF9東風9型柴電機車的資料表

車輛名稱(別稱)	製造年代 (西元年)	車軸配置 UIC	營運速度 (km/h)	引擎功率 (KW)	製造車廠	生產數目
東風9型 DF9	1991	Co-Co	160	3610	戚墅堰機車車輛廠	2

DF9東風9型柴電機車，外觀與後來量產的東風11型十分地相似。

十分稀有的DF9東風9型柴電機車。（曾翔 攝）

4-17 DF10東風10型柴電機車
——Bo-Bo+Bo-Bo　　Co-Co　　Co-Co+Co-Co

在中國的鐵道史上，在廣西、貴州、雲南地區，山區鐵路的坡度大，曲率半徑又小，而且沒有鐵路電氣化，例如柳州鐵路局的黔桂鐵路即是。這些地方要提升其鐵路運輸能力，必須有特製的柴油機車，能適應這樣的地形特性，而東風10型柴油機車，即是屬於這樣的柴油機車。

1988年，東風10型柴油機車，由大連機車車輛工廠設計生產，雙節八軸的貨運柴油機車，擁有牽引5000噸重貨物列車的能力，車軸配置Bo-Bo+Bo-Bo。後來投入黔桂鐵路試運行，在曲線半徑小、坡度大的山區鐵路，無法達到理想的效用。東風10型柴油機車，僅試製了一組歸於失敗，1992年試製東風10D型亦然，皆屬於實驗性產品。

其實，世界鐵道史上柴油機車，Bo-Bo+Bo-Bo的車軸配置很少，即使存在也是柴液機車，例如俄羅斯TG102型。因此Bo-Bo+Bo-Bo類型的柴電機車很少，所以東風10型，堪稱是全球鐵道極少數的稀有品種。

後續發展的東風10型柴油機車，包含DF10DD，DF10F，幾乎都跟前面的發展背景無關。東風10DD是為了滿足礦廠企業的調車需求，2003年由大連機車車輛廠，在東風5B型柴油機車基礎上研製而成，D代表調車，車軸配置Co-Co六軸，產量高達262部。東風10型這個編號，也因為東風10DD型的成功而廣為人知，教人忘了前面還有兩

中國大型的柴油機車東風DF10F型，採用Co-Co+Co-Co的車軸配置，共有12動軸。（資料來源：維基百科中文版）

款實驗性機車。

　　至於東風10F型柴油機車，是用於大功率的幹線用柴電機車，車軸配置擴大至12軸Co-Co+Co-Co，客運機車可以牽引20輛客車的情況下，營運的速度可達140～160公里，貨運機車最高可牽引5000噸列車，通過10%的坡度，堪稱是大連機車車輛廠的傑作。

DF8東風8型柴電機車的資料表

車輛名稱(別稱)	製造年代 (西元年)	車軸配置 UIC	營運速度 (km/h)	引擎功率 (KW)	製造車廠	生產數目
東風10型 DF10(A)	1988	Bo-Bo+Bo-Bo	100	3970	大連機車車輛廠	1
東風10D型 DF10D	1992	Bo-Bo+Bo-Bo	100	4260	大連機車車輛廠	1
東風10DD型 DF10DD	2003	Co-Co	100	2200	大連機車車輛廠	262
東風10F型 DF10F	1996-1999	Co-Co+Co-Co	140	4440	大連機車車輛廠	6

俄羅斯這款TG102型柴液機車，即是採用Bo-Bo+Bo-Bo的車軸配置，外型和東風10F型機車相似，車軸和東風10D型機車相同。

4-18 DF11東風11型柴電機車——Co-Co　Co-Co+Co-Co

　　1990年代起，中國鐵路為了滿足第四次大提速，開行時速160公里的准高速列車，而研製成功東風11型柴油機車，並且廣深鐵路上試驗成功。故有「沒有戚墅堰廠的東風11型，就沒有中國鐵路的四次大提速」這句話。

　　如前面所述，戚墅堰機車車輛廠，以東風9型機車為基礎，採用16V280ZJA型柴油引擎，改變牽引齒輪傳動比，車軸配置Co-Co六軸電動機全懸吊裝置、微處理機控制系統等新技術，使得機車最高營運速度，由160公里提高到170公里，並配合廣深鐵路准高速的科技試驗，成為中國鐵路史上第一台准高速客運機車。1992年，首台東風11型機車終於研製成功，至2005年為止，總共生產了460台之多。

　　2003年5月，中國鐵路為滿足「第五次大提速」的需求，可以在非電氣化的幹線上，牽引直達特快列車的柴油機車。鐵道部向戚墅堰機車車輛廠提出三個要求，在東風11型機車基礎上進行改良，最高能以170公里的營運速度，一次運行可以超過1600公里，由一個司機進行操作控制，而且機車能夠向列車供電，不用另外加掛發電用的電源車。於是東風11G型「跨越」正式

北京西站裡的DF-11G型「跨越」柴電機車。

上海站的東風11型DF11，牽引客車高速啟航！

誕生，「G」代表改良型，車軸配置為Co-Co+Co-Co十二軸，雖然只是柴油機車，但是車身卻呈現非常優雅的流線型，車身還有KUAYUE「跨越」兩個字，代表鐵道技術的世代跨越。於是，東風11型柴油機車，成為中國鐵道邁向准高速化的重要里程碑。

此外，為了鐵道部專運處的需求，2002年戚墅堰廠生產了4組東風11Z型柴油機車，「Z」代表專用型，每組造價3,200萬元人民幣，由北京機務段維護。這是不容易見到的車輛，以取代舊款的NY7專運用柴油機車。

DF11東風11型柴電機車的資料表

車輛名稱(別稱)	製造年代 (西元年)	車軸配置 UIC	營運速度 (km/h)	引擎功率 (KW)	製造車廠	生產數目
東風11型 DF11	1992-2005	Co-Co	170	3860	戚墅堰機車車輛廠	460
東風11D型 DF11D-3001	2000	Co-Co	170	3860	大連機車車輛廠	1
東風11G型「跨越」 DF11G	2003-2010	Co-Co+Co-Co	170	6080 (2×3040)	戚墅堰機車車輛廠	184
東風11Z型「專用」 DF11Z	2002	Co-Co+Co-Co	160	6080 (2×3040)	戚墅堰機車車輛廠	4

東風DF-11G型「跨越」柴電機車，在杭州正牽引25T型客車高速奔馳。

東風DF-11G型「跨越」特寫，車軸配置為Co-Co+Co-Co十二軸，車身兩端呈現非常優雅的流線型，最高營運速度170公里。

4-19 DDF12東風12型柴電機車——Co-Co

東風12型DF12柴油機車，是目前東風編號最後一種柴油機車，它並非比東風11型更強的類型，而是最後的一款調車專用的柴電機車。1997年，由資陽機車廠在東風4B型機車基礎上，根據調車作業需求，研製而成的柴油機車，其性質與東風5型與7型機車十分相似。

其實，東風12型原編為GKD4型，如前面編號規則該單元所述，GKD是屬於地方鐵道工礦專用的柴電機車，後來才改編為DF12東風12型。車軸配置為Co-Co，不但適用於大型編組站，工礦企業5000噸級貨列的調車，和小型運轉作業，同時也可用於一般

幹線貨運。主要是造價較為低廉，讓地方工礦企業鐵道柴油化，以取代原有的上游型與建設型蒸汽機車。

東風12型最大的特徵，就是如同衣領形狀的大V字形，但是和東風5型又不太相同。除了原本設計的調車功能，東風12型機車可以在平直鐵道上，牽引4000噸貨運列車，營運速度可達75公里，即使在4‰的坡度上，速度仍然可達35公里。目前東風12型機車，擁有許多用戶，主要包括廣州鐵路集團、烏魯木齊鐵路局，以及許多地方鐵路、工礦企業。尤其在廣深鐵路的深圳車站，經常可以見到它。

DF9東風9型柴電機車的資料表

車輛名稱(別稱)	製造年代 (西元年)	車軸配置 UIC	營運速度(km/h)	引擎功率(KW)	製造車廠	生產數目
東風12型 DF12	1997-2001	Co-Co	100	1990	資陽機車廠	183

東風12型

東風5型

東風12型（左）和東風5型（右）都是調車用機車，但是V字形線條有所不同。

深圳站外的東風12型柴電機車，在廣深線上調度運行。（曾翔 攝）

4-20 HXN3和諧N3型柴電機車——Co-Co

　　二十世紀末1990年代，柴油引擎驅動三相交流電機驅動交流馬達，VVVF（Variable Voltage Variable Frequency Inverter）交流變頻的柴油機車被發明，已經成為國際上柴油機車發展的必然趨勢。中國也搭上此一風潮，於是NJ型的柴電機車，N是內燃而J是交流電，變頻控制成為第四代柴油機車的發展目標。

　　1999年，中國首台NJ1型交流傳動柴油機車，由青島四方機車車輛廠研製成功。NJ1型柴油機車，採用了日本三菱電機製造的IPM牽引逆變器，以及國產非同步牽引電機、三相無刷型同步發電機、多工微處理器控制系統等新技術。不過製造數目僅有5台而已，便告終止。同一個階段，各家機車廠

有DF4DJ、DF7J與DF8DJ等數款交流變頻的柴油機車陸續被研發，但是都未達成量產的目標。

　　誠然，NJ型交流變頻傳動柴油機車，沿襲著過去中國鐵道發展傳統，最後會產生自主研發的名稱，如同先有ND型的系列，最後出現了東風DF的系列。由於交流變頻傳動柴油機車，需要外國的技術引進，結合本國的製造技術合作，這樣合作的關係，以和諧HX為名，N代表內燃，故命名HXN。於是2008年起，中國HXN和諧型柴電機車正式誕生。

　　HXN3型柴電機車是由中國大連機車車輛廠，及美國EMD公司共同研製。該型機車是以美國SD70MAC、SD90MAC型的柴

保存於瀋陽鐵路陳列館，第一部和諧HXN3型HXN30000柴電機車。

油機車基礎上，根據中國鐵路技術規範，設計而成的交流傳動的柴油機車，機車引擎高達6000匹馬力，車軸配置Co-Co，軸重25噸。HXN3型柴電機車，採用雙司機室內走廊結構車體、電子噴射柴油機、IGBT牽引變流器、「EM2000」微處理器控制系統等技術。HXN3型柴電機車可以在平直線路

上，單機牽引5,000噸貨運列車，牽引力非常強大，最高營運速度為120公里。

EMD的HXN3型與GE的HXN5型比較，HXN3型是屬於內走廊結構，車體側面平整許多，HXN5型是外走廊結構，車體有維修通道與欄杆。兩款和諧型HXN成為中國柴電機車的新世代，造價低廉，性能傲視全球，寫下中國鐵道史上燦爛的一頁。

DF9東風9型柴電機車的資料表

車輛名稱(別稱)	製造年代 (西元年)	車軸配置 UIC	營運速度 (km/h)	引擎功率(KW)	製造車廠	生產數目
NJ1型「捷力」	1999-2001	Co-Co	80	1320	四方機車車輛廠	5
HXN3型「和諧」	2008-	Co-Co	120	3700	大連機車與美國EMD	300

相較於HXN3型，和諧HXN5型是外走廊結構，車體有維修通道與欄杆。

和諧HXN3型採用頭尾雙司機室與內走廊結構，車體側面較同期HXN5型要平整許多。

4-21 HXN5和諧N5型柴電機車──Co-Co

　　中國鐵道引進外國技術研發新車的歷程，都會採用平行發展的方式，也就是不會僅限於一家外商的技術，從競爭中找出優勢，這樣的運作模式，在發展和諧號動車組CRH，四家並行最為明顯。2008年，HXN3型柴電機車是由中國大連機車車輛廠，及美國EMD公司共同研製；同一時期，HXN5型柴電機車是南車戚墅堰機車廠，及美國 GE 通用電力公司共同研製。都是6000匹馬力引擎的交流傳動柴油機車。

　　HXN5型柴電機車，美國通用電力公司的代號為ES59ACi，其中「ES」代表「創新」系列Evolution Series，「59」代表機車牽引功率為5900馬力，「AC」代表交流傳動系統，「i」為國際international之意。

HXN5型機車軸式Co-Co，軸重25噸，採用單司機室外走廊結構車體、GEVO-16電子噴射柴油機、IGBT牽引變流器、CCA微機控制系統等技術，不但機車功率極高，而且排放環保。該機車可在平直線路上，單機牽引5,000噸貨運列車，最高營運速度為120公里。

　　HXN5型的首2台，試做樣車為原裝進口，由美國通用電力公司在賓夕法尼亞州的伊利工廠製造；第3至50台機車大部分零件由通用電力公司製造，少部分零件由戚墅堰機車廠製造，最後由中國戚機廠完成組裝。其餘的機車，分五個階段的國產化計劃逐步提升自製比率，國產化自製率從第一階段的30％，提高到第五階段的85％，最後總產量

中國戚墅堰機車車輛廠，與美國通用電力合作的和諧HXN5型柴電機車，兩部重連運行只需一位司機即可操控。

高達650台機車，成為數目最多的交流柴電機車。

筆者很多次在內蒙古，看見HXN5型柴電機車單機牽引運煤列車，上百節貨車浩浩蕩蕩，彷彿美洲鐵道的風光。然而，機車啟動時非常安靜，沒有冒大煙，沒有因為長編組發生打滑現象，因為交流變頻傳動切換扭距，對大載重負載發揮了作用，我心中深深有所感觸。

因為同時期的台灣，全面走向高路線成本的環島鐵路電氣化，柴油機車正逐步失去舞台，誠然，電氣化與柴油化各有其優缺點，但是我們台灣缺乏對於交流柴電機車的認識，不知道柴電機車也可以有環保與高功率的科技，以至於花東線與南迴線的提速，只能有鐵路電氣化這個選項。遠見成就視野，視野充實知識，知識就是力量，由此可見一斑啊！

HXN5和諧N5型柴電機車的資料表

車輛名稱(別稱)	製造年代 (西元年)	車軸配置 UIC	營運速度(km/h)	引擎功率(KW)	製造車廠	生產數目
HXN5型「和諧」	2008-2013	Co-Co	120	3700	戚墅堰機車車輛廠 美國通用電力GE	650

在中國內蒙古牽引運煤列車的和諧HXN5型柴電機車，即使貨運量很大，起動卻十分平穩有力。

中國進口的柴電機車 Diesel Electric Locomotive　1435mm軌距

4-22 匈牙利製的ND1型柴電機車——Bo-Bo

ND1型柴油機車，是中國鐵路使用的第一代柴電機車，當時中國鐵道柴油化，都還處於起步階段。

1956年，ND1型機車由匈牙利進口，是匈牙利Ganz Mavag 製造的M44型，匈牙利國鐵MAV的編號，「M」-「Motormozdony」，代表匈牙利語柴油機車；「4」代表4軸機車。相較於M62型是前蘇聯時代匈牙利非常著名的柴油機車，許多華沙公約組織國家都有使用，M44型就比較沒那麼有名。

ND1柴油機車，N代表內燃，D為電力傳動，中國鐵道部一共進口了14台，主要為試驗性質。該機車引擎為功率600馬力，車軸配置Bo-Bo，最高速度80公里，屬於第一代直流發電—直流馬達內燃機車，效率與柴液機車差不多，主要用於調車以及小型運轉作業，1959年6月起在北京市郊牽引列車。

如今該款機車在中國早已經退役，早已成為歷史。不過，今日您還是可以在匈牙利鐵道，看到它執行調車作業。

匈牙利製ND1型柴電機車的資料表

車輛名稱(別稱)	製造年代(西元年)	車軸配置 UIC	營運速度 (km/h)	引擎功率(KW)	製造車廠	生產數目
ND1	1956	Bo-Bo	80	440（600hp）	匈牙利 Ganz MAV M44型	14

匈牙利製的ND1型柴電機車，採取直流電動機，Bo-Bo的車軸配置。

匈牙利 Ganz製造的MAV M44型柴電機車，布達佩斯東站。

4-23 羅馬尼亞Electroputere製的ND2與ND3型 柴電機車——Co-Co

中國鐵道部從羅馬尼亞進口的柴油機車有兩種，ND2型柴油機車，在1970年代共進口284台，ND3型是ND2型的改進型，1980年代進口了88台。這兩款都是羅馬尼亞克拉約瓦電力機車公司Electroputere製造，屬於直流傳動的第一代柴電機車。

從1960年代起，中蘇關係的日益交惡，中國與東歐國家的關係也日漸疏遠，然而，羅馬尼亞這個為蘇聯「異己同盟國」，卻一直與中國保持長期友好的關係。1970年夏季，羅馬尼亞遭受嚴重水患，中國提供了5000萬元人民幣的物資援助給羅馬尼亞，因此在1972年，羅馬利亞為了抵償中國，首50台ND2型柴油機車，作為「以物抵債」，其餘的ND2型車輛，為中國鐵道向羅馬尼亞所購進。

提供給中國的機車ND2型機車，原型為瑞士技術引進，著名的060 DA型柴油機車，不過改造成司機室有雙側門，和鈍頭形的司機室，引擎功率2100匹馬力（1546KW），車軸配置Co-Co，最高時速可以達到120公里，在1972年中國柴電機車尚未成熟的時

保存於中國鐵道博物館，羅馬尼亞的ND3型0001柴電機車。

這是昔日在南昌運行，羅馬尼亞的ND2型柴電機車。（曾翔 攝）

期，整體表現當然比同時期的東風型為高。不過十分有趣的是，羅馬尼亞規模最大的民營鐵路公司GFR集團 Grupul Feroviar Roman，2004年向中國回購了20台ND2型機車，從上海裝船運回羅馬尼亞，落葉歸根，返鄉保存。

　　由於ND2型機車的表現良好，1984年中國繼續向羅馬尼亞克拉約瓦電力機車公司，進口ND3型柴電機車88部。引擎功率維持2100匹馬力，車軸配置維持Co-Co，不過其三軸轉向架，構造極為特殊，為獨立軸簧的懸吊與剎車閘瓦的系統。而且機車的外型，從原本的內走廊更改為外走廊式車體，並修改了轉向架和傳動齒輪比，機車牽引力較

佳，最高營運速度降為100公里。

　　在1980年代，當時ND3型主要是用來替換原有的KD5、KD7、解放型等蒸汽機車，以擔任調車和小型運轉任務。從2000年起，ND3型機車陸續報廢，被東風5型、東風7型等新型調車用機車所取代。目前第一部ND3型0001柴電機車，保存於中國鐵道博物館。

羅馬尼亞ND2與ND3型柴電機車的資料表

車輛名稱(別稱)	製造年代 (西元年)	車軸配置 UIC	營運速度 (km/h)	引擎功率 (KW)	製造車廠	生產數目
ND2	1972-1987	Co-Co	120	1546	羅馬尼亞克拉約瓦 CFR 060 DA型	284
ND3	1984-1990	Co-Co	100	1546	羅馬尼亞克拉約瓦 Electroputere S.A.	88

昔日牽引貨運列車的羅馬尼亞的ND3型柴電機車。（曾翔 攝）

羅馬尼亞製的ND3型柴電機車，其三軸轉向架，構造極為特殊。

羅馬尼亞克拉約瓦Electroputere，1984年製造第一部ND3型的銘版。

4-24 法國Alstom製的ND4型柴電機車──Co-Co

ND4型柴油機車，是由法國阿爾斯通Alstom公司，以法國SNCF CC 72000型為藍本，於1973年設計製造，作為中國鐵路的幹線柴油機車，一共有50台，當時全部配屬北京鐵路局的豐台機務段使用。

這款柴電機車，是中國鐵道第一款4000匹馬力的幹線用貨運柴油機車，裝用一台法國阿爾斯通廠的16缸高速柴油引擎，並採用了和法國6G、8K型電力機車系列類似的司機室，車軸配置Co-Co，最高營運時速可以達到100公里。

ND4型柴油機車，它曾經是京原鐵路、豐沙鐵路、京山鐵路的主力貨運機車，但是，隨著中國柴電機車的技術日益進步，1990年代起陸續遭到淘汰而報廢。2013年1月25日，最後一部ND4-15號機車除役之後，交由中國鐵道博物館永久典藏。

法國Alstom製ND4型柴電機車的資料表

車輛名稱(別稱)	製造年代 (西元年)	車軸配置 UIC	營運速度 (km/h)	引擎功率 (KW)	製造車廠	生產數目
ND4	1973-1975	Co-Co	100	2680	法國 Alstom CC 72000型	50

目前保存於中國鐵道博物館的ND4型柴電機車。

法國阿爾斯通 Alstom 製造的CC 72000型機車，巴黎東站。

4-25 美國General Electric奇異製的ND5型柴電機車
——Co-Co

ND5型柴電機車，這是中美建交之後十年蜜月期的經貿產物。

1979年，美國和中華人民共和國建交，1980年代，隨著中國與美國關係的正常化，兩邊經貿交流日益頻繁。1983年10月31日，中國向美國通用電力公司訂購首批220台ND5-I型柴油機車，進口價格為每台98萬美元，這對當時經濟不景氣的GE部門，無疑是一筆重要的訂單。

1984年，ND5-I型柴油機車，由美國通用電力公司GE公司製造，以GE C36-7型柴油機車為藍本，專為中國鐵道設計，幹線貨運專用的柴電機車。有鑒於該型機車性能良好，中國政府於1985年，再次增加訂購第二批200台ND5-II型機車，1987年內交付完畢。

這款純正美國血統的ND5型柴油機車，嚴格來說，前後兩期的外觀並不相同。ND5-I型車號為0001～0220，共計220台，外觀塗裝為翠綠色；ND5-II型車號為0221～0422，共計202台，塗裝改為墨綠色。其中0421、0422號，正是為了替補在1984年卸船時落水的

保存於瀋陽鐵路陳列館，第一批的ND5-I型0016號柴電機車。

美國奇異GE公司 C36-7 型柴電機車的火車模型，1/87 Scale HO比例。（筆者交通科學博物館模型）

0002、0111號機車，總計422台輸出到中國。

ND5型柴油機車，採用美國通用電力16氣缸、四衝程、廢氣渦輪增壓的7FDL-16型引擎，交流發電直流電驅動，功率可達4000馬力（2940KW），行車速度可達118公里。其

實在1980年代中美十年蜜月期，當時中國從美國引進的不只是柴電機車而已，還有柴電機車的相關技術，使得中國東風柴電機車的水準日益提升，機車性能達到GE通用電力公司「Dash-8」系列標準。

1989年，不幸發生六四天安門事件，中國與美國關係跌落谷底，中美十年蜜月期結束，不只是後續ND5型的採購畫下句點，也影響到後續鐵道技術移轉，以至於東風6型機車的發展中止。

經貿是外交的延伸，鐵道是經貿的佈局，ND5型柴油機車，讓我們看到中美十年蜜月期的產物，與國際關係的現實。

美國奇異製ND5型柴電機車的資料表

車輛名稱(別稱)	製造年代 (西元年)	車軸配置 UIC	營運速度 (km/h)	引擎功率 (KW)	製造車廠	生產數目
ND5	1984-1986	Co-Co	118	2940	美國奇異GE C36-7 型	422

在瀋陽北邊的鐵嶺站附近運行，第二批ND5-II型0366號柴電機車。

ND5-I型柴電機車牽引長長的貨運列車，即將通過南京長江大橋。

4-26 美國General Electric奇異製的NJ2型柴電機車
──Co-Co

隨著中國鐵道科技的日益強大，二十一世紀，中國已經進入第四代柴油變頻機車的新時代。

而NJ2型柴電機車，是中國最新型的進口柴電機車，2005年由美國通用電力公司設計製造，以GE C44-9W型為基礎，於賓夕法尼亞州的伊利工廠生產。NJ2型柴電機車，全數78部機車均配屬青藏鐵路格爾木機務段，專門用於青藏鐵路格爾木至拉薩的牽引任務。隨著2014年拉日鐵路通車以後，NJ2型也運用於拉薩到日喀則的青藏高原路段。

所謂的NJ2型高原型柴油機車，N是內燃，J是交流電，採用交流發電─直流控制─交流電傳機驅動，牽引逆變器Invertor，IGBT為功率控制器件，採取脈寬調變PWM方式的控制模式。引擎採用了電子控制燃油噴射系統和高壓噴油泵，機車起動時不冒黑煙，具有較低的燃油消耗率及低排放指標，在空氣稀薄的高原鐵路上，特殊的地理環境和極冷氣候條件下，仍具有環保可靠性和較高牽引性能。

NJ2型高原型的多項技術要求，研發過程也參考南美洲安地斯山的祕魯美製柴

美國GE製的NJ2型柴電機車三重連，抵達青藏鐵路的拉薩車站。

青藏鐵路的NJ2型柴電機車的模型，高原型機車外型宛若太空艙一樣緊密，1/87 Scale HO比例。（筆者交通科學博物館模型）

電機車，以能夠在海拔四千公尺以上的高原運行為目標。機車裝用美國16氣缸、四衝程、並有廢氣渦輪增壓，配備GE 7FDL-16AD1型柴油引擎，隨海拔高度增高空氣稀薄，引擎功率還能自動調整，額定功率為4500匹馬力3356KW，海拔2828米功率3000KW，海拔5000米的功率仍可達到2700KW，並且可以三部重連運行，以確保其營運可靠性，性能比安地

斯山的祕魯阿根廷柴電機車強很多。

此外，為了能夠適用於環境溫度為-35℃～35℃的青藏高原地區，針對高原地區發生的球狀閃電現象，NJ2型機車採用了英國比威公司Brecknell Wills的避雷裝置，每根車軸均設有接地電刷。為了能夠適應青藏鐵路長途運行的需要，柴油機車駕駛室，設置了環保非直排式廁所，並加裝製氧機以利供氧，駕駛室具備氣密結構，外型宛若太空艙一樣緊密。堪稱是世界上最強的高原型柴油機車。

在2006年7月1日青藏鐵路通車初期，NJ2型機車曾經採用白色塗裝，後來統一改為綠色塗裝。這款柴油機車，儼然成為青藏鐵路的代表性車款，與中國鐵道在雪域高原上的不朽傳奇。

美國奇異製NJ2型柴電機車的資料表

車輛名稱(別稱)	製造年代 (西元年)	車軸配置 UIC	營運速度 (km/h)	引擎功率 (KW)	製造車廠	生產數目
NJ2	2006-2007	Co-Co	120	3356	美國奇異GE（C44-9W型）	78

在2006年青藏鐵路通車初期，白色的NJ2型機車三部重連運行。

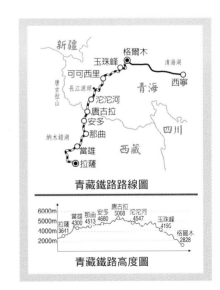

NJ2型機車現在統一改為綠色塗裝，成為中國鐵道在雪域高原上的經典車款。

青藏鐵路路線圖

青藏鐵路高度圖

窄軌型式的柴油機車 1000mm 762mm軌距

4-27 東方紅21型柴液機車──Bo-Bo

東方紅21型柴液機車，主要是使用於昔日清代的滇越鐵路，今日中國的昆河鐵路的機車。這條滇越鐵路有著非常悠久的歷史，由法國人所興建，軌距為1000mm一米寬，1909年通車。如今歷經了百年，它仍然是中國非常偉大的登山鐵道之一。

昆河鐵路原本是使用蒸汽機車做為動力，但是由於山高路險，運送不易。1970年代後期，隨著戰爭與當時環境的需求，包括JF51型、KD52型、KD55型、DK51型等，這些米軌蒸汽機車，都已經嚴重老化。於是1977年由青島四方機車車輛廠，開始生產東方紅21型柴液機車，最高時速只有50公里，讓昆河鐵路動力柴油化，以逐步淘汰蒸汽機車。

今日東方紅21型柴液機車仍在使用。不過隨著時代進步，東方紅21型柴液機車也陸續退役，中國並贈送給軌距為1000mm的鄰國，包含越南與緬甸並且繼續使用。

東方紅21型柴液機車的資料表

車輛名稱(別稱)	製造年代 (西元年)	車軸配置 UIC	營運速度 (km/h)	引擎功率 (KW)	製造車廠	生產數目
東方紅21型	1977-1984	Bo-Bo	50	640	四方機車車輛廠	102

正牽引昆河線鐵路客車的東風21型柴電機車。

昆明北站的東風21型柴電機車。

4-28 東風21型柴電機車——Co-Co

　　1977年起，東方紅21型柴液機車，開啟了昆河鐵路柴油化之門。然而經過二十年後，1999年陸續有20台東方紅21型機車陸續報廢。為了代替東方紅21型柴液機車，2003年起由青島四方機車車輛廠，研製東風21型柴電機車完成。不但速度加快到60公里，引擎功率更大幅提升，成為今日昆河線的主力機車。

　　相較於東方紅21型柴液機車，東風21型柴電機車進步非常地多，引擎功率從640KW增加到1500KW，車軸配置從四輪增加為六輪，牽引力大幅度增強，營運速度也提升到60公里。中國輸出到越南的D19E型機車，即是參考東風21型柴電機車的動力結構。此外，由於東方紅21型機車功率較小，成為提高米軌鐵路運能的最大障礙之一。

　　東風21型柴電機車不只是性能提升而已，它的外型實在是很漂亮，如果不特別標示，會以為是NY系列的德國進口車。因為它的外型，帶有優雅德國V218型血統的流線，車軸配置又是Co-Co，彷彿是NY5型的米軌縮小版，而藍白雙色的精緻圖裝，使人聯想到德國巴伐利亞州的圖騰，BMW的原色呢！

東風21型柴電機車的資料表

車輛名稱(別稱)	製造年代 (西元年)	車軸配置 UIC	營運速度 (km/h)	引擎功率 (KW)	製造車廠	生產數目
東方紅21型 F21	2003-2005	Co-Co	60	1500	四方機車車輛廠	12

牽引貨物列車，穿越滇越鐵路橋樑的東風21型柴電機車。（王福永 題供）

類似東風21型柴電機車的結構，這是中國輸出到越南的D19E型機車。

4-29 牡丹江型與太行型柴液機車──Bo-Bo

在中國的東北過去有許多森林鐵道，是在日俄戰爭後大量被修築，以運送東北豐富的林業資產。而這些地方性森林鐵道，多半是762mm軌距體系，使用蒸汽機車做為動力，相同地在中國也有部份地方工礦鐵道，也是762mm軌距體系。1980年代後期，隨著蒸汽機車的逐步凋零，部分地方鐵道仍然在運作，所以出現機車動力柴油化的需求，而牡丹江型柴液機車，堪稱是此一時期的代表。

顧名思義，牡丹江型柴液機車，係由牡丹江機車車輛廠所製造，該廠建於1938年，是中國北方機車車輛工業集團所屬的國有企業，是中國鐵路機車車輛配件的生產製造基地。許多重要的地方森林鐵道機械與車輛，皆由該廠所製造。牡丹江型柴液機車，

其正面有牡丹江三個字，該款機車引擎動力透過液體變速機，採取車架下方中央傳動的方式，分配到前後的動輪，車軸配置為Bo-Bo，以適應762mm軌距較小的曲線半徑，最高營運時速，可以達到40公里。

不過，隨著東北森林鐵道的沒落停駛，該款機車如今多數停用，僅作為教育展示功能。由於四川的芭石鐵路，是目前中國762mm軌距最後正常的客貨運場所，所以在蜜蜂岩火車站，仍可以看見牡丹江型柴液機車，被靜態保存在此地，成為中國鐵道博物館的科普體驗基地展示項目。

中國鐵道762mm軌距體系，除了東北的森林鐵道之外，全國各地都有類似的762mm軌距客貨運鐵路。而最為龐大的體系，就是河南的地方鐵路，在全盛時期至少有七八條

牡丹江型柴液機車，動輪配置為Bo-Bo，陳列於中國四川的蜜蜂岩火車站。

牡丹江型柴液機車，其正面有牡丹江三個字，762mm軌距。

762mm軌距的鐵路，長度在160公里以上，以許昌的禹鄲鐵路為重要代表。這些地方鐵路使用的762mm軌距的機車，其實有許多當地自產形式，很有當地特色，但是後來隨著窄軌鐵路的沒落而消失。例如太行52A型柴液機車，是1966年石家莊動力機械廠所製造，車軸配置為Bo-Bo，營運時速可以達到30公里。太行52A型曾是河南地方鐵路禹鄲鐵路的主力機車，隨著2013年禹鄲鐵路的拆除，如今也走入歷史。

最後，在中國的廣東省，也曾經有過一條很長的梅隆鐵路，長達172公里，762mm軌距，使用一款很有當地特色的機車，稱

牡丹江型柴液機車的轉向架，有氣壓煞車裝置，動輪也比較大。

為紅衛型機車，但是在2005年結束營運以後，就完全消失了。如今，中國鐵路三種軌距體系，1435mm，1000mm，762mm，隨著時代的進步與發展，後面兩種幾乎快要完全消失，而762mm軌距的火車頭，也跟著走向滅絕的命運。整個時代趨勢，與台灣的輕便鐵道762mm軌距的沒落，幾乎一致。如今，這些762mm軌距的柴油機車完全除役，只能靜態地展示，回首昔日的榮光。

河南省地方鐵路的明毛鐵路，使用的柴液機車，762mm軌距。（曾翔 攝）

河南省地方鐵路的禹鄲鐵路，太行型柴液機車，762mm軌距。（曾翔 攝）

河南省地方鐵路的禹鄲鐵路，淮陽站的綠色柴液機車，762mm軌距。（曾翔 攝）

廣東省的梅隆鐵路，紅衛型機車。（曾翔 攝）

河南省地方鐵路的朝杞鐵路，新鄭站的紅色柴液機車，762mm軌距。（曾翔 攝）

其他中國境內特別的柴油機車　1520mm　1435mm軌距

4-30 口岸型的寬軌柴電機車——Bo-Bo　Co-Co

中國土地面積遼闊，與周邊14個國家接壤，鐵路通鄰國貨暢其流，也關係到亞洲的地緣政治。現今中國共有10條鐵路與周邊鄰國連接，稱為鐵路口岸Border station，或稱為邊境車站。這些火車站除了進出口海關管制之外，最大的問題是銜接鄰國鐵道車輛，因應軌距與連結器的不同，使得鐵路機車設計必須有所調整，所以中國鐵道稱之為口岸型機車。

中國鐵道的口岸，包含俄羅斯3個鐵路口岸、北韓3個鐵路口岸、越南2個鐵路口岸、蒙古1個鐵路口岸、哈薩克2個鐵路口岸，中國與這5個國家實現直通客貨運輸。而這些鄰國火車的軌距，除了越南為1000mm米軌，北韓為1435mm標準軌以外，剩下三個國家，全都是西伯利亞鐵路寬軌。早年西伯利亞鐵路寬軌為1524mm，

也就是5英尺，如今新的車輛都逐步修正為1520mm軌距，而且鐵路系統的規格均與獨立國協相同。

因此，為了口岸型機車方便在邊境調車作業，基本上包括米軌、標準軌和寬軌三種車型。其中米軌通越南比較單純，多數由東方紅21型柴液機車擔綱；標準軌機車設有機車重聯裝置，兩三台機車可重連運行，加大牽引動力；而寬軌型機車除了軌距加寬，還必須裝用前蘇聯SA-3型連結器（車鉤），以利口岸車站的寬軌調車作業。

中國歷年來發展的口岸型柴油機車，主要包含了北京型，東風5型，東風7C，東風7G柴油機車四種，除了北京型是屬於柴液機車，其他都是輸出馬力較高的柴電機車。

1986年10月，北京型口岸型標準軌型機車首兩台出廠，1987年口岸型寬軌型機

滿洲里車站裡的東風7C口岸型機車，正在牽引1520mm軌距俄羅斯寬軌貨車。

車出廠，均配屬滿洲里口岸，以代替解放型蒸汽機車，牽引噸數由1700噸大幅提高到3500噸。北京型口岸機車一共生產16台，其中準軌型12台（1001～1012）、寬軌型4台（1101～1104），2000年以後陸續報廢。

1989年，中國四方機車車輛廠，研製了東風5型口岸型機車，至今共生產了26台（4001～4011；5001～5015），其中4001～4011號為1520mm軌距的寬軌機車，5001～5015號為1435mm軌距的標準軌機車。這些口岸型機車，主要配屬烏魯木齊鐵路局的哈薩克阿拉山口口岸車站，呼和浩特鐵路局的蒙古二連浩特口岸車站，哈爾濱鐵路局的俄羅斯綏芬河口岸車站。

2001年，中國二七鐵路車輛廠，研製了東風7C口岸型機車，用於軌距為1520mm的寬軌鐵路，並裝用的SA-3型自動車鉤，專門用於中國與俄羅斯邊境的調車作業。為適應中國東北地區冬季嚴寒的環境，還

東風21型柴電機車的資料表

口岸型柴油機車名稱	製造年代（西元年）	車軸配置 UIC	編號	軌距 (mm)
北京型	1986-	Bo-Bo	1001-1012	1435
	1987-	Bo-Bo	1101-1104	1520/1524
東風5型	1989-	Co-Co	5001-5015	1435
	1989-	Co-Co	4001-4011	1520/1524
東風7C型	2001-	Co-Co	不明	1520
東風7G型	2006-	Co-Co	9001-9004	1520

採取了特殊的防寒措施，機車功率提高到2200千瓦，這些東風7C主要配屬於滿洲里口岸運用。

2006年，中國二七鐵路車輛廠，又設計生產了4台東風7G口岸型機車（9001～9004），用於軌距為1520mm的寬軌鐵路，配屬集寧機務段的二連浩特，逐步取代原有東風5型機車的調車作業。

三部東風7C口岸型機車重連，為中俄滿洲里口岸的貨運而繁忙。

4-31 俄羅斯的寬軌柴電機車——Co-Co Co-Co+Co-Co

　　前一個單元，介紹中國的口岸型柴油機車，可以牽引調度其他鄰國的火車，往返於中國與鄰國的邊境城市。相對的鄰國也會有專屬的口岸型火車，牽引客貨列車來到中國的邊境城市。因此旅客會在邊境的口岸車站，目睹外國的火車進入中國的境內。

　　中國與俄羅斯的客貨運鐵路聯繫，有很長久的歷史，尤其是中東鐵路與西伯利亞大鐵路，分別在滿洲里、綏芬河這兩個邊境口岸，與俄羅斯鐵路連接。而中國與蒙古的二

連浩特口岸，是中蒙之間唯一的鐵路口岸；中國與哈薩克的鐵路有兩個口岸，阿拉山口與霍爾果斯。以上三個國家，五個口岸的國際鐵路，全都是俄羅斯寬軌1520mm軌距，而且火車裝用前蘇聯SA-3型連結器，使得俄羅斯的寬軌柴電機車，佔有相當高的比例，2TE116型與2M62型最為常見。

　　M62型是前蘇聯非常著名的第二代柴油機車。M62型柴油機車源自1965年，當時匈牙利國鐵MAV的編號，「M」-

蘇聯的第三代柴油機車，2TE116型重連型柴油機車。

2TE116型柴油機車，通過中國與俄羅斯的滿洲里國門口岸。

「Motormozdony」，代表匈牙利語柴油機車；「6」代表6軸機車；「2」代表機車雙端駕駛室，其性能相當良好。後來1970年起前蘇聯大量製造，並且大量出口到許多華沙公約組織國家。除了最普遍的單機雙司機室M62型之外，也有雙機重連的2M62型、少數的三機重連的3M62型。從1965年至1994年間，共生產了超過7100台單節機車。

使用M62型機車，包含北韓與蒙古兩國。尤其是從1980年到1990年，蒙古鐵路向前蘇聯購買13台M62UM型機車，和66組雙機重連型的2M62M型機車，這兩款柴油機車，會出現在二連浩特口岸。

此外，還有2TE116型柴油機車，是前蘇聯的第三代柴油機車之一，由位於烏克蘭的Lugansk盧甘斯克機車廠（俄文Луганский тепловозостроительный завод）製造，於1971年研製成功，是屬於大功率幹線貨運柴油機車，被廣泛應用於蘇聯鐵路的多個鐵路局，以及蘇聯解體以後的獨立國協國家。2TE116型機車是雙機固定重連的柴電機車，機車裝用1А-5Д49型柴油機，採用交流發電一直流馬達傳動，功率高達4500千瓦，適用於貨運牽引。在中俄滿洲里口岸，您可以看到來自西伯利亞大鐵路2TE116型，行走起來聲勢相當浩大呢！

俄羅斯的寬軌柴電機車的資料表

車輛名稱(別稱)	製造年代(西元年)	車軸配置UIC	營運速度(km/h)	引擎功率(KW)	製造車廠	生產數目
2TE116型	1971年起	Co-Co+Co-Co	4500	100	Lugansk盧甘斯克機車製造廠	超過2160組
M62型	1965年起	Co-Co	1970	100	Lugansk盧甘斯克機車製造廠	超過7100部
2M62型	1976-1987	Co-Co+Co-Co	3940			

蘇聯第二代柴油機車，M62型柴油機車。

4-32 香港的標準軌柴電機車──Bo-Bo Co-Co

鐵道運輸是經濟的動脈，經濟是國防與政治力的延伸，因此，在中國可以看到許多前蘇聯的火車，屬於俄羅斯體系。相對地，過去屬於西方世界的香港九龍地區，可以看到許多來自美國GM-EMD的火車，這並不令人意外。

由於香港九龍地區在1997年才回歸中國，所以這些火車，與中國境內的火車大不相同，編號規則也自成獨立體系，與中國的東風DF體系無關。如今來看香港的柴電機車，有不少火車似曾相識，更像台灣的火車，只不過差別在標準軌1435mm軌距。這些原本屬於港鐵東鐵線的柴油機車，基本上為貨運使用，為九廣鐵路公司擁有，兩鐵合併之後交給港鐵公司使用。

保存於香港鐵道博物館的EMD G12型 51號柴電機車。

羅湖關前的G16型57號柴電機車，如今已消失，後面是G26型柴電機車。

香港紅磡車站的G16型59號柴電機車。

香港的標準軌柴電機車的資料表

車輛名稱(別稱)	製造年代 (西元年)	車軸配置 UIC	編號	營運速度 (km/h)	製造車廠	生產數目
G12型	1954-1957	Bo-Bo	51-55	100	美國 EMD	5部
G16型	1961-1966	Co-Co	56-58	124		4部
G26型	1974-1977	Co-Co	60-62	140		3部
ER20型	2001-2003	Co-Co	8001-8005	140	德國 Siemens	5部

　　香港基本上有三款柴電機車，是由美國GM-EMD（Electro-Motive Diesel）所製造，從1954年開始，包含G12型G16型與G26型三款柴電機車。而G12型與台鐵的R20型是系出同源，只不過台鐵的R20型，是軸重較輕的A1A-A1A型結構，而香港的G12型，是屬於出口標準的Bo-Bo車軸配置。而G16型比R20型來得更長，G26型則比較像台鐵的R150型（G22U），屬於牽引力較佳的Co-Co車軸配置。

　　1997年，香港九廣鐵路第一部51號柴油機車，「亞歷山大爵士號」正式退役，2004年5月18日運往香港鐵路博物館作靜態展示。其它四部G12型柴油機車，52-55號皆已離開香港，送到澳大利亞繼續服役。至於G16型與G26型機車，隨著港鐵MTR的貨運服務已於2010年6月16日停止，所以該柴電機車停止正常營運，多數停放香港的羅湖關，只做為夜間工程車。2014年11月，57號於東鐵線羅湖關報廢拆

今日放在香港東鐵線羅湖關的柴電機車8005號。　　　　昔日香港紅磡車站的ER20型柴電機車8004號。

解，其他的機車命運岌岌可危！

　　隨著時代的進步，2001-2003年，九廣鐵路公司自德國西門子公司，購入最新的ER20型柴電機車，於2004年起開始服務，ER代表Europe，20代表其牽引馬達輸出功率為2,000 kW。ER20型採用OBB奧地利聯邦鐵路的Rh2016型機車的設計，使用電傳動及4台500kW交流牽引電動機。ER20型與其他舊款柴油機車比較，具有低污染、低噪音等許多環保特點，是目前香港地區最新的柴電機車，隨著2010年MTR貨運停駛，目前ER20型也是放在羅湖關居多。

這是香港ER20型柴電機車的原型車，OBB奧地利聯邦鐵路的Rh2016型機車。

今日放在香港東鐵線羅湖關的60號。

昔日香港的九廣鐵路G26型柴電機車60號，Peter Quic喬沛德號。（曾翔攝）

附錄
未完成的續集夢想

這系列書完成了第一輯與第二輯，我沒有喜悅，只有慚愧，因為中國鐵道要介紹的東西實在太多，這些只是鳳毛麟角，相關知識也將隨著中國鐵道建設，資訊不停地變動。只能說，中國鐵道火車百科，我一輩子永遠寫不完。

本書前後花了十年的歲月，除了系統地介紹中國火車之餘，還有許多意猶未盡的地方，例如火車站，與火車旅行等等。這些精采的車站建築，鐵道路線，動人的旅行風景，除了悠久的歷史，錢幣上的風景，兩岸火車的交流，都是我限於篇幅，來不及放進去的精采。

在本書這個附錄單元，先簡單以圖鑑羅列的方式以饗讀者，如果未來還有機會，希望能延續中國鐵道火車百科系列，還能出版第三輯，第四輯，讓讀者一窺中國鐵道的堂奧。

中國的火車站大觀

中國的火車站，從歐式建築到現代的創意，從日治時期到俄羅斯風格，琳瑯滿目。不難理解中國鐵道，幅員遼闊，車站竟是如此豐富多采。

例如俄羅斯風格磚木結構的旅順站，1903年啟用，是中國最古老的俄式火車站，漢口站是現今中國保存最經典的歐式火車站，與布拉格中央車站相似。而武漢站是中國高鐵的重要樞紐，為京廣高鐵與滬漢蓉高鐵的交會站，武漢站建築因黃鶴樓之鶴羽，屋頂羽翼的奇特造型，名聞天下。而結合高鐵與機場，地鐵與傳統鐵路，綜合多功能角色的上海虹橋站，以UFO大圓盤為主要造型的上海南站。總之，中國的火車站，有古典，也有現代，有傳統，也有創意，文化與驚奇。

本單元這些中國的火車站，是我從個人旅行經驗中，選出比較有特色的，以圖片搭配簡要圖說的方式，與讀者分享，中國的火車站大觀。

隨著哈大高鐵啟用的哈爾濱西站，屋宇宛若大鵬展翅。

日治時期1910年啟用的瀋陽站，也是磚造的日式辰野風建築。

夜景的吉林站，十分壯麗。

有兩個時鐘鐘塔的北京站，揉合中式廟宇與西式古典。

夜景的瀋陽北站，多數高鐵與動車組在此站到發。

造型有如城樓的北京西站，是中國式車站的經典建築。

北京南站的模型，宛若一艘太空船，造型奇特，光彩奪目。

北京南站的內部，中央自然採光的屋頂，內部還有南國的椰林。

北京北站的夜景丰采。

北京北站的內部。

內蒙古的海拉爾站，車站上方就是蒙古包。

隨著哈大高鐵啟用的大連北站，層層疊疊，夜景十分特別。

日治時期啟用的大連站，與東京上野站與舊台北車站，都是折衷主義樣式。

位於俄羅斯邊境的滿洲里站，開往莫斯科的火車由本站入出境。

清代詹天佑所興建，京張鐵路的青龍橋站，站體屋宇有長城，車站後方也有長城。

上海世博會時，當時的上海後火車站，有EXPO的英文字與蒸汽火車的裝飾。

以航空站的動線出入結構設計，上海虹橋站的車站模型。

上海是中國的經濟中心，上海的前火車站。

俄羅斯風格磚木結構旅順站，1903年啟用，是中國最古老的俄式火車站。

結合高鐵與機場，地鐵與傳統鐵路，綜合多功能角色的上海虹橋站。

上海南站仰望上方的圓頂，彷彿置身UFO太空船之中。

以UFO大圓盤為主要造型的上海南站，一列高鐵即將開出。

無錫車站宛若歌劇院，大廳挑高壯麗，是京滬高鐵與滬漢蓉高鐵的車站。

南京曾經是中華民國首都，南京車站前方即是玄武湖畔。

武昌起義中華民國誕生，武昌站以倒金字塔建築，氣宇恢宏，問鼎天下。

漢口站是現今中國保存最經典的歐式火車站，與布拉格中央車站相似。

武漢站是中國高鐵的重要樞紐，為京廣高鐵與滬漢蓉高鐵的交會站。

武漢站建築因黃鶴樓之鶴羽，名聞天下，內部仰望屋頂羽翼的奇特造型。

緊臨嘉陵江的重慶車站，是個終端式車站，源自國民政府時期，歷史悠久。

宜昌站是長江三峽的東邊入口，扼三峽之咽喉，湖北鐵路從此處通往四川。

銜接成綿樂高鐵與滬漢蓉高鐵的成都東站，青銅鼎座的樑柱，有大氣之尊。

四川的成都車站，多條西南重鎮鐵路，成昆鐵路與寶成鐵路，從此地出發。

成綿樂高鐵的樂山車站，樂山大佛遠近馳名，站前的路燈，宛若佛燈蓮花。

看似平凡的昆明北站，卻是最後的昆河線米軌火車站，設有雲南鐵路博物館。

雲南的昆明車站，兩棟站體分隔，竟頂起一艘空中巨艦，創意叫人驚艷！

雲南的大理車站，來自大理石的靈感，純白的建築，站前有著花海點綴。

桂林山水甲天下，遠近馳名，然而桂林車站卻是小家碧玉，儉樸內斂。

格爾木車站，2006年青藏鐵路通車典禮在此舉辦，站前駿馬躍地球為其標誌。

青藏鐵路的真正起點，青海的西寧火車站，背後有著壯麗的山景。

杭州火車站，車站建築氣勢磅礴，好似一艘航空母艦。

京廣鐵路南端的廣州東站，是連接深圳香港與北京武漢的重要鐵路車站。

青藏鐵路的拉薩火車站幅員廣大，建築以紅棕兩色，融入藏傳佛教特色。

深圳火車站，車站本身是個重要關卡，也是酒店與百貨的綜合大樓。

香港的紅磡車站，從這裡搭火車通關，可以抵達深圳、廣州，甚至北京。

因應海南島高鐵通車，而新誕生的海口東站，椰林是海南島的標誌。

海南島的三亞火車站，是最大型的木造站門建築，也是中國最南端的火車站。

遼寧省的鐵嶺火車站，兩個尖塔建築，濃濃的俄羅斯異國風情。

老北京的京奉鐵路正陽門火車站，是個歷史悠久的老火車站，如今變成鐵道博物館。

椰林風光搖曳的海口車站，粵海鐵路火車輪渡穿越瓊州海峽，可以來到廣東。

海南島的高鐵文昌站，因為文昌帝君的關係，令人聯想到金榜題名。

四川芭石鐵路的芭蕉溝火車站，置身於山林懷抱中，有著歐洲火車站的風味。

天津火車站就在海河前面，從搭火車到搭船，猶如威尼斯的聖塔露西亞車站。

中國的鐵道大旅行

中國的土地遼闊，鐵道千變萬化，有高速鐵路火車，御風奔馳的速度，也有高山鐵路火車，攀越海拔的高度。

中國的鐵道旅行，它有點像歐洲，搭火車出國是家常便飯，搭火車過夜是稀鬆平常，火車可以跨越海疆搭乘渡輪，更可以日行千里，夕發朝至。

中國有太多值得一走的鐵道旅行，多到說不完，例如，四川芭石鐵路的蒸汽小火車，是中國最後的蒸汽火車桃花源。搭火車看青藏高原的藍天與油菜花，搭乘長圖鐵路到二道白河站，欣賞長白山上的天池風光。搭乘大麗鐵路攀登雲貴高原，欣賞麗江的玉龍雪山，看那麗江玉龍雪山下的白水河，宛若人間仙境。幾年之後成蘭高鐵通車，搭火車登上青藏高原，去九寨溝看水世界，不再遙遠。

中國的鐵道大旅行，是我這十年寫書過程的美好體驗，來不及放進去的精采。這是夢想中未來的續集，我把它的主題編好了目次，在這裡以饗讀者，先睹為快。

值得一走的中國鐵道之旅

京津高鐵	2008年北京奧運	世界首創時速350公里啟航	
京滬高鐵	2011年北京到上海	中國高速鐵路的里程碑	
京廣高鐵	從北京到深圳	夕發朝至	千里江山一日還
滬寧高鐵	從上海到南京	蘇州庭園	南京國民政府
滬杭高鐵	從上海到杭州	杭州西湖	雷峰塔
上海成都	滬漢蓉高鐵	長江流域一氣通	
哈大高鐵	縱貫東北名城	昔日南滿洲鐵路的現代版	
長大鐵路	長春瀋陽大連	昔日偽滿洲國的歷史巡禮	
瀋丹鐵路	瀋陽到丹東	越過鴨綠江到北韓新義州	
長圖鐵路	二道白河站	長白山上好風光	
湘桂鐵路	桂林山水甲天下	陽朔漓江風光	
青藏鐵路	海拔5072公尺	世界海拔最高的山岳鐵路	
青藏鐵路	看見聖母峰	聖母峰基地營的探險之路	
廣州拉薩	全程4980公里	中國最長的鐵路之旅	
茶卡鐵路	茶卡的鹽湖	一望無垠的青海湖風光	
隴海鐵路	連雲港到蘭州	歐亞鐵路大陸橋起點	
蘭新鐵路	蘭州到烏魯木齊	現代的歐亞新絲路	
京張鐵路	鐵道越長城	詹天佑的八達嶺鐵道傳奇	
宜萬鐵路	宜昌到重慶	緊臨長江三峽	工程最艱難的鐵路
成渝鐵路	成都到重慶	保路運動肇始辛亥革命	
寶成鐵路	鐵道越秦嶺	觀音山看火車三層螺旋登山	
成昆鐵路	艱苦卓絕路	蜀道不再難	中國最精采的盤山展線
成蘭高鐵	成都到蘭州	青藏高原喀斯特地貌	九寨溝水世界
南昆鐵路	穿越雲貴高原	通往出海口的幹線	
廣大鐵路	大理蒼山洱海	盡賞雲南風花雪月	
大麗鐵路	攀登雲貴高原	通往麗江與香格里拉的雲端鐵道	
滇越鐵路	雲南通往越南邊境	中國的米軌山岳鐵道	
鐵煤之路	鐵嶺調兵山	東北最後的蒸汽機車博覽園	
芭石鐵路	輕便鐵道	中國最後的蒸汽火車桃花源	
穿越歐亞	從北京搭火車去莫斯科	西伯利亞大鐵路	
	K19/20次列車	K3/K4次列車	
前進蒙古	從北京搭火車到烏蘭巴托	貝加爾湖	K3/4次列車
粵海鐵路	火車穿越瓊州海峽的輪渡之旅		
極南極北	椰城海口與冰城哈爾濱的鐵道直通之旅		
東環鐵路	從海口到三亞	海南島的高速鐵路之旅	

俄羅斯火車穿越中俄邊境的滿洲里國門。中國的鐵路經西伯利亞與
歐洲鐵路相連。

一群鐵道員行經大連的日本橋，後方是昔日的俄羅斯租界與建築，
重回1904年日俄戰爭的歷史現場。

冬季時哈爾濱的聖索菲亞教堂，典型拜占庭式建築，濃濃俄羅斯
風情。中國東北，不必遠赴歐洲，就有歐洲的建築藝術與浪漫。

冬季雪景的北京鐵道，火車進入宛若城樓一般的北京西站。

四川芭石鐵路的蒸汽小火車，中國最後的蒸汽火車桃花源。

世界海拔最高的青藏鐵路，火車正穿越柳梧隧道。

四川重慶的單軌電車,中國唯一以單軌電車為大眾捷運主體的都市。

火車通過黃鶴樓旁,後方即是武漢長江大橋,如牌匾所題,江山入畫,盡入眼底。

搭著火車馳騁蒙古,欣賞蒙古大草原風光。成吉思汗的傳奇故事,就從一顆顆蒙古包和蒙古戰馬開始。

搭乘青藏鐵路來到西藏站,欣賞青藏高原的藍天與油菜花。

搭乘長圖鐵路到二道白河站上長白山,欣賞長白山上的天池風光。

搭乘大麗鐵路攀登雲貴高原，欣賞麗江的玉龍雪山。

搭乘成蘭高鐵，登上青藏高原，欣賞九寨溝的水世界。

麗江玉龍雪山下的白水河，宛若人間仙境一般。鐵路從大理、麗江越過虎跳峽通達中甸香格里拉，世外桃源不再遙遠。

從宜昌到重慶的長江三峽，水路輕舟已過萬重山，鐵路卻是萬般艱難。川漢鐵路的故事，此情綿綿長達一百年才講得完。

海南島經由東環鐵路，從海口到三亞有高鐵可以搭乘，又快又便宜。這是麗星郵輪停靠三亞的鳳凰島。

新版人民幣的紙鈔風景旅行

錢幣代表一個國家的文化精髓，也是外國人入國觀光兌換必經的收藏。而新版中國人民幣的背面風景，也是中國觀光旅遊的重要景點。我想，對於一個剛到中國旅遊的外國人而言，或許對於觀光景點，並不熟悉，如果能夠依照錢幣上的旅遊景點，每一個景點都能實地走完，紀錄實景，相信你每趟中國旅行，不虛此行。

以前舊版的人民幣，即是第四套人民幣，是1987年4月25日發行的。這套人民幣共九種面值的紙幣，分批發行了主幣1圓、2圓、5圓、10圓、50圓和100圓6種；輔幣有1角、2角和5角3種。比較精彩的代表風景有三個面額，包含 5角的紙鈔風景，是苗族、壯族人物頭像，1元的紙鈔圖案，是「萬里長城」。5元的紙鈔風景，是「珠穆朗瑪峰」，都是中國旅遊的經典風景。

目前最新版的中國人民幣，是第五套人民幣，由中國人民銀行，在中華人民共和國建國五十周年（1949-1999），於1999年10月1日分批發行。該套人民幣共八種面額：100元、50元、20元、10元、5元（以上紙幣）、1元（紙幣、硬幣）、5角（硬幣）、1角（硬

幣）。隨著人民幣的升值，第五套人民幣增加了二十元票面，並取消不常用的五角紙鈔，以及二角及二元的票面。

現行中國第五套人民幣，精彩的觀光風景變多了。面額由多到少，都是中國觀光旅遊的重要景點。100元的紙鈔風景是北京「人民大會堂」；50元的紙鈔風景是西藏「布達拉宮」；20元的紙鈔風景是桂林「灕江山水」；10元的紙鈔風景是長江瞿塘峽的「夔門」；5元的紙鈔風景是泰山「五嶽獨尊」；人民幣 1元的紙鈔風景是杭州西湖的「三潭印月」。由於第五套人民幣沒有5角，所以市面流通只能用第四套人民幣的5角，紙鈔風景是苗族、壯族人物頭像。

來中國觀光旅行，何妨給自己一個目標，一個夢想藍圖，我花十年歲月全部走完。用鈔票的風景按圖索驥，精采豐富又有規律，這些風景您都去過了嗎？誠心地推薦給您。

第五套人民幣的紙鈔，100元、50元、20元、10元的背面風景。

第五套人民幣的紙鈔，100元、50元、20元、10元的正面圖案。

第五套人民幣的紙鈔5元1元，與第四套人民幣5角的背面風景。

第五套人民幣的紙鈔5元1元，與第四套人民幣5角的正面圖案。

第五套人民幣100元的紙鈔風景實景，北京人民大會堂。

第五套人民幣50元的紙鈔風景實景，西藏布達拉宮。

第五套人民幣20元的紙鈔風景實景，桂林灕江山水。

第五套人民幣10元的紙鈔風景實景，長江瞿塘峽的夔門。

第五套人民幣1元的紙鈔風景實景，杭州西湖的三潭印月。

第五套人民幣5元的紙鈔風景實景，泰山五嶽獨尊。

第四套人民幣5元的紙鈔圖案。

第四套人民幣5角的紙鈔實景，苗族、壯族人物頭像。

第四套人民幣5元的紙鈔實景，珠穆朗瑪峰。這也是人民幣紙鈔旅行困難度最高的地點，基地營就高達海拔5200公尺，旅客得衡量健康和體力量力而為。

舊版人民幣的紙鈔火車很多

　　誠然，最新版的中國人民幣，是以觀光旅遊的風景為主，但是舊版的人民幣，裡面卻是以工業發展的主題居多，所以有很多火車。從1948年12月1日發行的第一套人民幣，到1964年4月15日發行的第三套的人民幣都有火車，尤其以武漢長江大橋那一張，最為膾炙人口。

　　火車是中國工商業現代化，提升經濟力的重要動力。從以下這些火車圖樣，不難理解，火車鐵道對於中國有多麼重要！

第一套人民幣的紙鈔火車圖，20元面額，1948年12月1日發行。

第一套人民幣的紙鈔火車圖，100元面額，1949年2月5日發行。

第一套人民幣的紙鈔火車圖，20元面額，1949年8月發行。

第一套人民幣的紙鈔火車圖，20元面額，1949年8月發行。

第一套人民幣的紙鈔火車圖，50元面額，1948年12月1日發行。

第一套人民幣的紙鈔火車圖，50元面額，1949年4月發行。

第一套人民幣的紙鈔火車圖，100元面額，1949年2月5日發行。

第三套人民幣的紙鈔火車圖，2角面額，1964年4月15日發行。武漢長江大橋實景如左下。

第三套人民幣的紙鈔（右上）火車圖實景，火車通過武漢長江大橋。

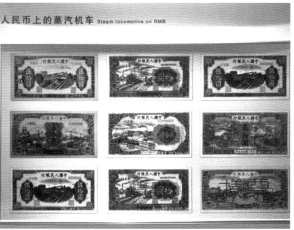

這是人民幣上的蒸汽火車組合圖，鐵道的世界竟是如此五彩繽紛。

現今兩岸火車的交流與雷同

一般台灣人以為，中國的火車與臺灣的火車，應該完全不一樣，一來因為軌距不同，二來因為歷史的分隔，從1895年到現在走完全不同的路。其實，經過本書第一輯與第二輯的分析，其實兩岸有不少共同的火車，也有台灣來自對岸的火車，例如彰化機務搶修隊88噸柴油大吊車，是2002年10月中國山海關橋梁廠所製造。海峽兩岸火車，有交流也有雷同，這個事實早已經默默地存在。

我曾經在2010年發行的環遊世界鐵道之旅提及這個議題，海峽兩岸曾經共同擁有的火車有很多，包含日本的9600型、以及阿里山的Shay等等。2007年1月，是歷史的偶然與默契，海峽兩岸不約而同地啟用日本新幹線，台灣的700T與中國的CRH2A，其製造與技術都來自於日本的川崎重工。即使到了二十一世紀，台灣早已經進口中國的蒸汽火車與客車，只是知道的鐵道專家非常地少。

2009年由台中縣政府，委託福霖園藝工程公司，耗資兩千萬餘元，委託大陸杭州廠商打造的復刻版-騰雲號，並在舊東勢車站附近鋪軌，不止是讓東勢線鐵路復活，也是騰雲號蒸汽機車復活，令人不禁回想起懷念的鐵道時光，與消失的東勢線歲月。不過，復刻版的騰雲號雖然是一輛蒸汽機車，但細部零件與原型車仍有些許誤差，而且為了能夠通過環評，選擇柴油做為燃料，燒開水蒸汽來產生動力，而非使用煤炭。此外，業者還特別打造三部台灣版的Torokko車廂，使用木質座椅還設有小桌，感覺精緻不少；為了提高行車安全規格，客車廂還有氣軔體系與煞車閘瓦，並裝置緩衝器，2011年下旬蒸汽火車正式營運。

2013年春節開始營運的集集鎮環鎮鐵道，從中國大陸行購入「慶仁號」和「慶仁二號」2輛蒸汽機車，由中國「常州長江客車集團工礦車輛有限公司」所承製，

來自中國的騰雲號復刻版蒸氣火車，1067mm軌距，台灣東勢客家文化園區。

以「慶仁二號」最為龐大，機車後端附掛「煤水車」1輛，內藏重油槽與水槽。而集集鎮環鎮鐵道的車輛，客車有3輛，木造貴賓車1輛，採用自動聯結器與氣軔煞車系統，機械規格與台鐵1067mm軌距無異，堪稱台灣最高級的762mm遊園軌道體系。

2015年我來到四川芭石鐵路，看到它們的「旅遊客車」樣式，與台糖烏樹林的「遊園客車」十分類似，都是762mm軌距。這是歷史的偶然？還是與默契？

今日平心靜氣，看待這一切交流，我們只能說：這都是兩岸歷史共同的一頁吧。

來自中國的慶仁二號，762mm軌距，台灣南投集環鎮鐵道。

集集環鎮鐵道的高檔貴賓車廂，也是中國製造。

彰化機務搶修隊88噸柴油大吊車，2002年中國山海關橋梁廠製。

四川芭石鐵路的旅遊客車，與台糖的遊園客車十分類似，762mm軌距。

台糖這是烏樹林的遊園客車，以茲對照。

中國高鐵的CRH2A動車組，技術來自日本川崎重工。

台灣高鐵的700T電聯車，部份也是日本川崎重工製造。

鐵道是經濟與文化的佈局

一般人很難想像，莫斯科到北京是一個怎樣的漫長旅程，但是它真的存在，
這條俄羅斯最為膾炙人口的鐵路，就是西伯利亞大鐵路Trans-Siberian Railway。
西元1891年，在沙皇亞歷山大三世的宣告下興建，
軌距為寬軌1520mm，從俄羅斯東西兩端同時動工，
至1913年完工通車，全長9288公里，
跨越8個時區，旅程需時7天之久，是世上最長的洲際鐵路。
西伯利亞鐵路是從俄羅斯首都莫斯科的
Yaroslavski雅羅斯拉夫斯基車站，
穿越西伯利亞，到太平洋岸的Vladivostok海參崴車站，
它的莫斯科起點與路線曾經有若干變更過，甚至從聖彼得堡算起，
所以造成路線長有9288、9298km不同版本。

從北京經滿州里進入西伯利
亞鐵路的K19/K20次路線圖。

此外，西伯利亞大鐵路，它還有兩條支線進入中國，
第一條從貝加爾湖旁邊的赤塔到中國的滿洲里，穿越「國門」景區，
經由（滿洲里到哈爾濱）的濱洲鐵路，連接到北京全程8981公里。
目前為全世界國際列車中里程最長的鐵路，這就是知名的K19/K20次列車。
火車必須在俄羅斯後貝加爾斯克，更換轉向架，
從西伯利亞寬軌1520mm變更為標準軌1435mm才能穿越中國國門。
這條路線只要辦中國與俄羅斯兩國簽證即可，十分方便。

第二條從貝加爾湖旁邊的烏蘭烏德，經由蒙古國的烏蘭巴托，
經由中國內蒙古的二連浩特入境，然後抵達北京。
這就是知名的K3/4次列車。
這條路線比較短，僅長7826公里，不過要多辦一個蒙古國的簽證，
當然這段支線，客車廂必須在蒙古與中國的邊境的二連浩特更換轉向架，
從西伯利亞寬軌變更為標準軌距才能繼續行進。

西伯利亞大鐵路，曾經是許多旅人橫跨歐亞大陸的夢想鐵道。
光是從莫斯科到海參崴搭一趟火車，竟然要七天之久？
拜俄羅斯地大物博所賜，如今這條鐵路部份路段已經電氣化，
不少世界鐵道旅行家，會選擇這條路線，進行【歐亞鐵路大旅行】。
從柏林、華沙、聖彼得堡、莫斯科、北京，接續到平壤或上海，
完成從北大西洋（波羅的海）跨越大陸連接西太平洋（中國海）的壯舉。

在俄羅斯莫斯科的Yaroslavski車站與Vladivostok海參崴車站，
都可以找到西伯利亞大鐵路的起點「里程碑」0 km，
以及「里程碑」的側面9298km，紀錄了這個寫下歷史上的里程長度。
當我找到它9298 km的紀念碑，就讓我驚歎不已！
然而，西伯利亞大鐵路的另外一邊呢？神祕的遠東地區，
火車穿越國境之門的影像，成為我心中未竟的夢想。

事實上，即使搭過這條鐵路的火車旅客，
未必能記錄到國際線火車，穿越陸地國境之門的精采鏡頭。

因此，想要目睹來自西伯利亞的火車，
穿越滿洲里與二連浩特的「國門」，
那必須離開火車，以最佳的角度等候火車，才能成就這樣的紀錄。

2013年的鐵路節前夕，長榮航空從6月4日起，
直飛內蒙古的呼崙貝爾（海拉爾）與呼河浩特機場，
讓漫長轉機的旅程成為過去，航程只要四個小時，
大幅度縮短台灣到內蒙古的距離，也讓這樣的夢想成為可能。
這張國門的紀念明信片，
2013年6月9日的郵戳，郵戳標示" 內蒙古 滿洲里"。
特別注意到郵戳裡面，也是一個國門，裡面有一台火車，
這部火車所在的位置，大家可以猜出來，
這是中國火車？還是俄國火車？
這是鐵道文化很細緻的地方，隱而不宣，看似簡單，實則不凡，
必須是有心人才能洞悉其奧妙。

雖然K19/K20次客車必須在俄羅斯的後貝加爾斯克，更換轉向架，
從西伯利亞寬軌1520mm，變更為標準軌1435mm，
才能穿越中國國門。但是貨車卻不用，是為什麼呢？

下面這張圖是俄羅斯的國門，
也就是後貝加爾斯克的所在地，
國門上面的俄文寫著Russia【俄羅斯】。
不同於客車，必須更換轉向架，才能入境，
穿越中國與俄國的貨車，行走其合適的鐵路軌距即可。

左邊一線是中國的標準軌鐵路1435mm軌距，
中間與右邊兩線是俄羅斯西伯利亞寬軌鐵路1520mm軌距，
中國出口到俄羅斯的貨物走標準軌鐵路，
貨車到後貝加爾斯克，貨物換裝到俄羅斯的貨車，
隨即拉回中國，重車出去（往西），空車回來（往東）。
上圖即是回中國的貨車空車。

反之，俄羅斯出口到中國的貨物，走西伯利亞寬軌鐵路，
貨車到滿洲里後，貨物換裝到中國的貨車，
隨即拉回俄羅斯，重車出去（往東），空車回來（往西）。

原本中俄國門只有兩線鐵路，寬軌與標準軌各設一線，
兩國協議好單一車次，火車頭可牽引70節貨車，
以合乎股線有效長，
後來因為使用量的不平均，增設寬軌一線，
所以如今寬軌鐵路有兩線，標準軌鐵路有一線，
其實也代表中俄出口與進口的經濟比例為2：1，
鐵道路網是戰略的佈局，同時也是經濟的佈局。

這張是滿洲里國門的紀念明信片，裡面是俄國的火車，與2013年6月9日的鐵路節郵戳。

這是俄羅斯的國門，國門上面的俄文寫著Russia。左邊的鐵路為標準軌，中間和右邊為寬軌，中國進口和俄國出口的鐵路比為1：2。

因此在滿洲里火車站，您可以看到有兩個貨車世界，
一個是中國標準軌距的貨車世界，
一個是西伯利亞寬軌鐵路1520mm軌距的世界，
從俄國進口的木材，小麥穀物糧食，
原油貨車等停滿了鐵道，
這些都是等待換裝到中國的貨物列車。
由於滿洲里鄰近俄羅斯，所以滿洲里的建築風貌，
不太像中國，卻更像俄羅斯。

滿洲里的車站，圓頂的建築鐘塔，
車站大樑的柱頭為柯林斯式，十足的歐洲建築風格。
而這也是K19/K20次列車，每週一與週五會來的地方，
送君千里，終須一別，19次火車離開這裡，
就要離開國境了。
相較於滿洲里，
海拉爾站（呼崙貝爾站）則顯得有十足的蒙古民族特色，
車站以蒙古包作為圓頂結構，華麗的大廳，
外面還雋刻著游牧民族的騎馬射箭浮雕，
讓車站成為城市文化的亮點，顯現是蒙古的火車站。
由此可見，鐵道車站是文化的佈局。

我當下沉思，鐵路真的不一定要公式化的地下化，電氣化，
而火車站也不要千篇一律的改成高架或跨站式車站，
有內涵的文化素養，是能夠包容差異與特色的存在。

我想，當K19/K20次列車，穿越滿洲里與海拉爾，
經過這裡之後，
車廂內的旅客，會是什麼樣的心情？
是歡喜回國？或期盼出國？
是長途跋涉？或歸鄉路遙？

在航空如此便利的時代，莫斯科到北京約九小時飛行時間，
而西伯利亞鐵路的火車，需要七八天時間卻還能維持不變，
鐵路廉價慢車的存在，有著令人深思的理由。

這些年，在環遊世界寫書的過程中，我自己也得到成長，
在環遊世界鐵道之旅120選，我看到了鐵道與旅行的國際觀，
在日本鐵道經典之旅160選，我看到了莊嚴與創意的競爭力，
我希望從中國鐵道火車百科這本書裡面，
認識鐵道是經濟與文化的佈局。
並體認到保留特色與包容差異，看到了大國的鐵路網規劃，
與遠見的格局。

滿洲里火車站，您可以看到有兩個貨車世界。一個是中國標準軌距的貨車，另一個是西伯利亞的寬軌鐵路。這些是寬軌的貨車。

滿洲里車站，圓頂的鐘塔，頗有歐洲風味。

內蒙古的海拉爾站，車站上方的蒙古包造型。

四川芭石蒸汽火車的旅行

四川省樂山犍為縣境內的芭石鐵路小火車，
鐵道軌距762mm，與阿里山森林鐵路相同，
是中國境內最後保存窄軌蒸汽火車鐵道的桃花源。
即使來到二十一世紀，很難想像，
在這裡可以聞到煤炭的原始芬芳，
蒸汽機車的氣笛聲響，迴盪在山林之間，

芭石蒸汽小火車穿越1號石造隧道。

芭石鐵路小火車，是中國蒸汽火車的世外桃源，
火車的輪轆聲響徹山谷，穿越石造古隧道，
那雞鳴，炊煙，田野，農莊，純樸的景緻，
宛如走入時光隧道，還保留七八十年前的鄉村風貌。

過去，芭石鐵道這裡被稱為世外桃源，有其典故，
除了原始純樸的風景，沒有現代文明的入侵之外，
主要是因為交通不便，遊客要來到這裡並不容易，
沒有任何一條交通要道與鐵路，可以連結犍為縣境內的石溪小鎮。
所以它的桃花源原始風貌，可以保存地很完好。

然而，情勢現在已經悄悄在改變，
2014年12月20日，連結成都與樂山的「成綿樂高速鐵路」通車了，
從台灣直飛成都雙流國際機場，機場下面就有高鐵可以搭乘，
只需要四十幾分鐘，四十幾塊錢，高鐵就可以直達樂山火車站。
到達樂山站就有汽車客運，前往犍為與石溪嘉陽煤礦，交通住宿也很方便。
就算是要包計程車，只要花三百元，
即可到芭石鐵道的車站搭乘小火車。

雖然，這裡很像阿里山鐵路，軌距為762mm，
蜜蜂岩車站，也有阿里山鐵路的之字形路線，
但是，台灣民眾知道這裡的人很少。
然而，透過媒體與網路的傳播，日本與歐洲的遊客很多，
尤其是每年三月油菜花開之際，遊客人潮是滿山滿谷。
由於國際聲名大噪，所以中國也將此地，評為國家AAAA級景區，
因此，芭石鐵道在成都峨嵋樂山地區，更是無人不知，無人不曉。
終於我如願以償來到這裡，一則以喜，一則以憂，
喜的是，我找回四十多年前阿里山鐵路的記憶，感動不能自己，
憂的是，文明的腳步，已經悄悄地進襲，
未來，是否鐵道桃花源，將不再是桃花源？

為何日本與歐洲媒體，讚譽芭石小火車是中國蒸汽火車的世外桃源
特別提到了no more civilization and modernization.
沒有文明設施與現代化的足跡，讓一切回歸原始，時光暫停，
因為這個世界這樣的產業鐵路，輕便鐵道，真的已經不多了。
誠然，中國芭石鐵路的例子不是唯一的，台灣也有阿里山森林鐵路，日本與德國都有類似的鐵路，
英國威爾斯就有十條窄軌鐵道小火車，
然而，多數抵擋不住現代化與觀光化的腳步，
把火車弄得光鮮亮麗，票價拉高，主要是以觀光收入為主，
當然，為了討好觀光客，就少了許多純樸。

但是，中國芭石鐵路仍是當地百姓的交通工具，運送礦產與農產品的鐵道，
搭乘19.8公里的蒸汽火車，只要人民幣5元，新台幣不到24元，
這樣便宜的價格，穿越時光隧道，一切都是那麼地原始，沒有任何矯飾，
當然令人嚮往不已，所以外國人不遠千里而來。
當然，這樣的鐵道桃花源，是否還能永遠停留在從前，
不受文明侵襲，也是一大考驗。

隨著觀光客增多，芭蕉溝車站拆除改建，
變成新的觀光車站兼火車站旅館，
雖然方便觀光客來此地住宿，
卻也讓原始純樸的風光，悄悄地在改變。
此外，只要人民幣5元的普通車，班次變稀少，
取而代之的是人民幣50元的觀光列車，
或許價格還是很便宜，但是多了車窗玻璃與空調，
那個煤煙原汁原味，也將慢慢地消失。
我來到終點黃村井煤礦，才知道煤礦已經停採，
變成觀光遊覽坑道，最終的命運，
其實跟侯硐的瑞三煤礦沒有兩樣，
更讓我唏噓不已。
或許，不採地底的煤礦，
採觀光客口袋的金礦，
成為這些產業鐵道共同的宿命。

四川芭石鐵路地圖

（之字形折返）　石溪
蜜蜂岩　躍進
菜子壩　月亮田
仙人腳　公路
芭蕉溝　焦壩　犍為縣
黃村井　往成都　往昆明　樂山火車站　岷江

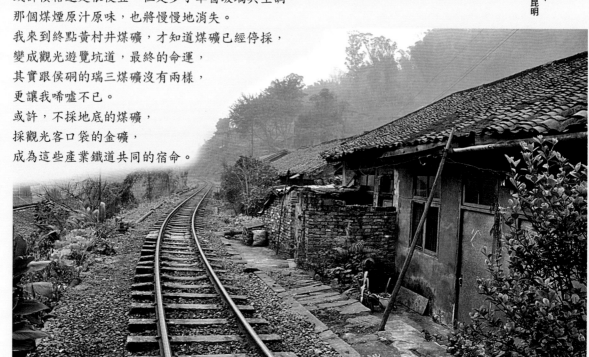

小火車行經躍進站外的美景。四川芭石鐵道風景，被稱為世外桃源。

如同多數日本友人，最懷念的台灣鐵道，
還是1970-1980的鐵道時光，
那段鐵道風景淳樸，蒸汽火車噗噗聲響，
那曾是最美麗與真實的一頁，
但是，文明可曾停下腳步？
如海水停止滲透沙灘，想要沒有，很難，
即使如芭石鐵道桃花源，
在一年後，兩年後，三年後，
會是何種光景，我也無法想像。

我對台灣的森林鐵道，登山鐵道，輕便鐵道，有一種很深沉的摯愛，
不只是阿里山森林鐵路，甚至包含台糖的鐵道，
我心裡明白，no more civilization and modernization.
回歸原始的自然，這才是挽救阿里山森林鐵路，真正的價值所在。
但是在安全第一為考量，觀光收入成為績效的指標下，
包袱變得沉重不已，這樣的聲音，當然會被歸於理想化，
最後淹沒在時代的洪流裡，消聲匿跡。
如果我們能夠有正確的國際觀，在自己的土地，就能創造鐵道的桃花源，
國民就不必花大錢，千里迢迢到國外去，只為巡訪世外桃源而付出代價，
這是多麼大的功德，卻也是多麼大的艱難。
我想，這也是我著書立說的使命所在吧。

鐵道的生物學分類　火車的車軸配置符號

火車的車軸配置有其專業術語，其編號規則，猶如生物學分類一般嚴謹。何謂2-6-2-T？4-6-2？代表什麼蒸氣火車，而Co-Co、Bo-Bo又有合涵義，以下的whyte-Notation華氏式別內容適用於本書I、II冊，讓您洞悉這群鐵道生物的奧秘！

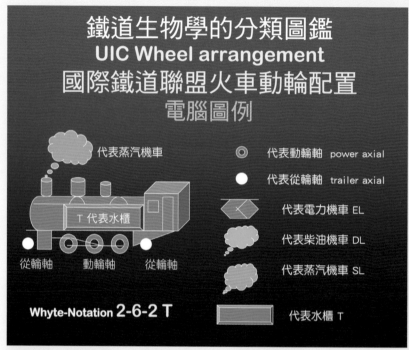
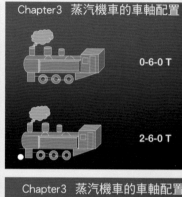
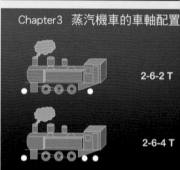
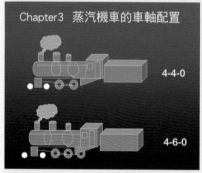
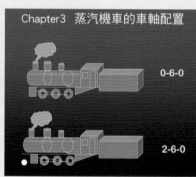
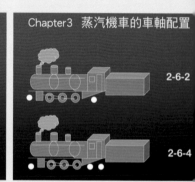
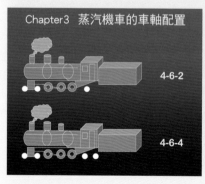
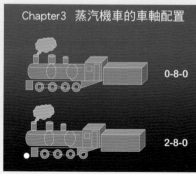
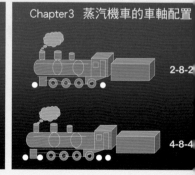

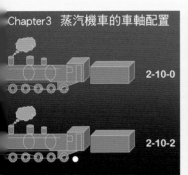

Chapter3 蒸汽機車的車軸配置

2-10-0

2-10-2

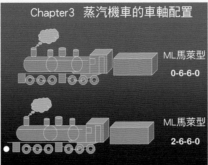

Chapter3 蒸汽機車的車軸配置

ML 馬萊型
0-6-6-0

ML 馬萊型
2-6-6-0

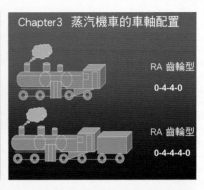

Chapter3 蒸汽機車的車軸配置

RA 齒輪型
0-4-4-0

RA 齒輪型
0-4-4-4-0

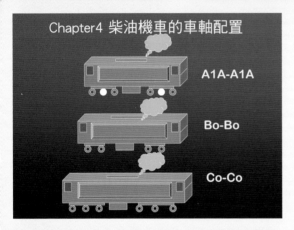

Chapter4 柴油機車的車軸配置

A1A-A1A

Bo-Bo

Co-Co

Chapter4 柴油機車的車軸配置

Bo-Bo +Bo-Bo

Co-Co +Co-Co

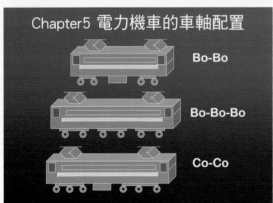

Chapter5 電力機車的車軸配置

Bo-Bo

Bo-Bo-Bo

Co-Co

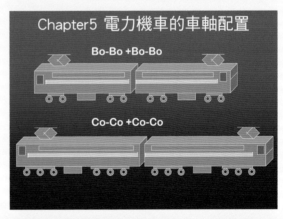

Chapter5 電力機車的車軸配置

Bo-Bo +Bo-Bo

Co-Co +Co-Co

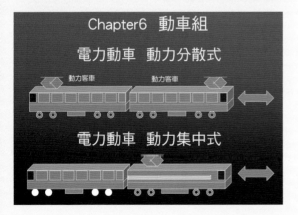

Chapter6 動車組

電力動車 動力分散式

動力客車　　動力客車

電力動車 動力集中式

Chapter6 動車組

柴油動車 動力分散式

動力客車　　動力客車

柴油動車 動力集中式

動力機車

附錄 中國鐵道火車百科 II 的目錄 CONTENTS

序 大國重器 器重山河——打開中國鐵道視野的大格局

第七章　中國鐵道的客車 Passenger Car

認識中國鐵道的客車
中國鐵道客車的編號規則
中國鐵道與台灣鐵道的客車之差異比較

標準軌型式的客車——1435mm軌距
RZ軟座 YZ硬座 RW軟臥 YW硬臥 一般的客車
SRZ軟座 SYZ硬座SRW軟臥SYW硬臥 雙層的客車
CA餐車 XL行李車 KD空調發電車
特別的GW公務車與EX維修車
通勤用30型至32型與其他功能種類的客車
國際聯運用的18型與高級軟臥的19型客車
國內無空調的21型與22型客車
國內有空調的24型與25型客車
現代無空調的25B型客車
時速140公里等級的25Z、25K型客車
時速160公里等級的25T型客車
動車組的專用客車25DT、25DD、25DK型專用拖車
其他特別保存的客車

窄軌型式的客車——1000mm 762mm 600mm軌距
1000mm米軌30型 33型的客車
1000mm米軌M1型的客車
762mm軌距的客車
600mm吋軌的客車

第八章　中國鐵道的貨車 Freight Car

認識中國鐵道的貨車
中國鐵道貨車的編號規則
中國鐵道與台灣鐵道的貨車之差異比較
中國鐵道的標準軌貨車
中國鐵道的窄軌貨車
連接俄羅斯、蒙古、哈薩克的寬軌貨車

第九章　中國的城市軌道交通車輛
Urban Rail Transit

認識中國的城市軌道交通
A型B型C型L型的地鐵車輛的差別
中國的地鐵電車Metro/Subway 世界
中國的有軌電車Tram/Streetcar世界
中國的輕軌電車LRT世界
中國的單軌電車Monorail世界
中國的磁浮列車Maglev世界

第十章　中國鐵道的博物館
China Railway Museum

大格局　新視野　鐵道科技與歷史文明的省思
北　京　中國鐵道博物館　東郊館
北　京　中國鐵道博物館　正陽門館
八達嶺　中國鐵道博物館　詹天佑紀念館
上　海　上海鐵路博物館
上　海　上海磁浮博物館
瀋　陽　瀋陽鐵路陳列館
昆　明　雲南鐵路博物館
香　港　香港鐵路博物館
四　川　嘉陽小火車科普體驗基地
調兵山　鐵煤蒸汽機車博物館

附錄
鐵道的生物學分類　火車的車軸配置符號

國家圖書館出版品預行編目(CIP)資料

中國鐵道火車百科 I／蘇昭旭作. -- 第一版. --
新北市：人人，2015.12
　冊；　公分

ISBN 978-986-461-027-3 (第1冊：平裝). --

1.鐵路史 2.火車 3.中國

557.258　　　　　　　104025357

【世界鐵道系列 25】

中國鐵道火車百科

第一冊

作者／蘇昭旭
書籍裝幀／許耀文
發行人／周元白
出版者／人人出版股份有限公司
地址／23145新北市新店區寶橋路235巷6弄6號7樓
電話／(02)2918-3366（代表號）
傳真／(02)2914-0000
網址／www.jjp.com.tw
郵政劃撥帳號／16402311人人出版股份有限公司
製版印刷／長城製版印刷股份有限公司
電話／(02)2918-3366（代表號）
經銷商／聯合發行股份有限公司
電話／(02)2917-8022
第一版第一刷／2015年12月
定價／新台幣650元